Hans-Peter Hartmann und Wolfgang E. Milch (Hg.)
Übertragung und Gege

Das Anliegen der Buchreihe BIBLIOTHEK DER PSYCHOANALYSE besteht darin, ein Forum der Auseinandersetzung zu schaffen, das der Psychoanalyse als Grundlagenwissenschaft, als Human- und Kulturwissenschaft und als klinische Theorie und Praxis neue Impulse verleiht. Die verschiedenen Strömungen innerhalb der Psychoanalyse sollen zu Wort kommen, und der kritische Dialog mit den Nachbarwissenschaften soll intensiviert werden. Bislang haben sich folgende Themenschwerpunkte herauskristallisiert:

Die Wiederentdeckung lange vergriffener Klassiker der Psychoanalyse – wie beispielsweise der Werke von Otto Fenichel, Karl Abraham und Otto Rank – soll die gemeinsamen Wurzeln der von Zersplitterung bedrohten psychoanalytischen Bewegung stärken. Einen weiteren Baustein psychoanalytischer Identität bildet die Beschäftigung mit dem Werk und der Person Sigmund Freuds und den Diskussionen und Konflikten in der Frühgeschichte der psychoanalytischen Bewegung.

Im Zuge ihrer Etablierung als medizinisch-psychologisches Heilverfahren hat die Psychoanalyse ihre geisteswissenschaftlichen, kulturanalytischen und politischen Ansätze vernachlässigt. Indem der Dialog mit den Nachbarwissenschaften wiederaufgenommen wird, soll das kultur- und gesellschaftskritische Erbe der Psychoanalyse wiederbelebt und weiterentwickelt werden.

Stärker als früher steht die Psychoanalyse in Konkurrenz zu benachbarten Psychotherapieverfahren und der biologischen Psychiatrie. Als das anspruchsvollste unter den psychotherapeutischen Verfahren sollte sich die Psychoanalyse der Überprüfung ihrer Verfahrensweisen und ihrer Therapie-Erfolge durch die empirischen Wissenschaften stellen, aber auch eigene Kriterien und Konzepte zur Erfolgskontrolle entwickeln. In diesem Zusammenhang gehört auch die Wiederaufnahme der Diskussion über den besonderen wissenschaftstheoretischen Status der Psychoanalyse.

Hundert Jahre nach ihrer Schöpfung durch Sigmund Freud sieht sich die Psychoanalyse vor neue Herausforderungen gestellt, die sie nur bewältigen kann, wenn sie sich auf ihr kritisches Potential besinnt.

BIBLIOTHEK DER PSYCHOANALYSE
HERAUSGEGEBEN VON HANS-JÜRGEN WIRTH

Hans-Peter Hartmann und
Wolfgang E. Milch (Hg.)

Übertragung und Gegenübertragung

Weiterentwicklungen der psychoanalytischen Selbstpsychologie

Psychosozial-Verlag

Die Deutsche Bibliothek - CIP-Einheitsaufnahme

Übertragung und Gegenübertragung : Weiterentwicklungen der
psychoanalytischen Selbstpsychologie / Hans-Peter Hartmann und
Wolfgang E. Milch (Hg.). - Gießen : Psychosozial-Verl., 2001
(Bibliothek der Psychoanalyse)
ISBN 978-3-89806-059-2

© 2000 Psychosozial-Verlag
E-Mail: info@psychosozial-verlag.de
www.psychosozial-verlag.de
Umschlagabbildung: Franz von Stuck, *Serpentinen-Tänzerinnen* (1894/95)
Umschlaggestaltung: Till Wirth nach Entwürfen
des Ateliers Warminski, Büdingen
Satz: Katharina Hohmann
Printed in Germany
ISBN 978-3-89806-059-2

Inhaltsverzeichnis

Übertragung und Gegenübertragung – Einleitende Bemerkungen

Hans-Peter Hartmann
und Wolfgang Milch

Das wohl grundlegendste Konzept der Psychoanalyse ist das der Übertragung und Gegenübertragung. Es ist untrennbar mit der Geschichte der Psychoanalyse verbunden und wurde als Phänomen sehr früh z. B. schon von Breuer und Freud in den Studien zur Hysterie erwähnt. In der ersten Gesamtdarstellung, die Freud der Übertragung 1912 widmete, betonte er, daß die Übertragung an »Vorbilder« geknüpft wird, an »Imagines« wie der Vaterimago, der Mutter-, Bruder- oder Schwesterimago usw., und daß der Patient »den Arzt in eine der psychischen Reihen einfügt, die der Leidende bisher gebildet hat« (nach Laplanche und Pontalis, 1972). Freud unterschied zwei Übertragungen: eine positive und eine negative, wobei er die Übertragung zärtlicher Gefühle oder aber feindseliger Gefühle meinte. Die Erweiterung des Begriffes zu einem strukturierenden Vorgang in der gesamten Behandlung, führte zur Einführung eines neuen Konzepts durch Freud, der Übertragungsneurose:

> »(Es) gelingt uns regelmäßig, allen Symptomen der Krankheit eine neue Übertragungsbedeutung zu geben, seine (des Patienten, d. A.) gemeine Neurose durch eine Übertragungsneurose zu ersetzen, von der er durch die therapeutische Arbeit geheilt werden kann«. (Freud 1914, S. 134-135)

Auch Ferenczi gehörte zu den Analytikern, die sich früh mit der Übertragung auseinandersetzten (bereits 1909) und der darauf hinwies, daß in der Übertragung die Objektliebe die autoerotischen Triebe ersetzte. In einer gemeinsamen Arbeit 1924 hielten Ferenzci und Rank das affektive Erleben in der Übertragungssituation für ein stark wirksames Element des psychoanalytischen Prozesses. Die Deutung

7

wurde hinausgezögert, um die emotionale Spannung noch zu steigern. Später bezog sich Alexander (1956) mit seiner Vorstellung der »korrektiven emotionalen Erfahrung« auf die Ideen von Ferenczi und Rank, obwohl er diese in einer ausgesprochen didaktischen Weise interpretierte. Später betonten Autoren wie Gill (1982) u. a. die Bedeutung der Übertragung im »Hier und Jetzt« der analytischen Situation.

Die einzigartige und exklusive verändernde Kraft der Übertragungsdeutung, die ursprünglich von Strachey (1934) genauer beschrieben wurde, hatte eine bemerkenswerte Auswirkung auf die Entwicklung der psychoanalytischen Technik, wie sie in der Main-Stream-Psychoanalyse bis heute vertreten wird.

Nun zur üblichen Definition der Übertragung. Laplanche und Pontalis (1972) definieren die Übertragung folgendermaßen:

> »Bezeichnet in der Psychoanalyse den Vorgang, wodurch die unbewußten Wünsche an bestimmten Objekten im Rahmen eines bestimmten Beziehungstypus, der sich mit diesen Objekten ergeben hat, aktualisiert werden. Dies ist in höchstem Maße im Rahmen der analytischen Beziehung der Fall. Es handelt sich dabei um Wiederholung infantiler Vorbilder, die mit einem besonderen Gefühl der Aktualität erlebt werden. Was die Psychoanalytiker ›Übertragung‹ nennen, ist meistens die Übertragung in der Behandlung, ohne nähere Bestimmung«.

Die Übertragung wird klassisch als das Feld angesehen, auf dem sich die Problematik einer psychoanalytischen Behandlung abspielt, deren Beginn, deren Modalitäten, die gegebenen Deutungen und die sich daraus ableitenden Folgerungen.

Da es sich um ein im Verlauf der psychoanalytischen Geschichte zunehmend komplexer werdendes Konzept handelt, schlägt Leo Stone (1961) vor, es möglichst in klinischen und alltäglichen Phänomenen zu beschreiben. Für ihn stellt die Übertragung eine Tendenz dar, in einem gegenwärtigen Zusammenhang Eigenschaften, Gefühle, Impulse und Wünsche zu wiederholen, die in den ersten Lebensjahren gegenüber den für die eigene Lebensgeschichte wichtigen Menschen erlebt oder ausgelöst wurden. Formen der Übertragung im alltäglichen Leben müssen von den klinischen Übertragungen unterschieden werden. Demnach kann Übertragung sowohl normal sein als auch psychopathologisch auffällig.

Heinz Kohut lenkte in seinen frühen Arbeiten die Aufmerksamkeit auf die ursprüngliche Bedeutung des Begriffs »Übertragung«, mit der

Freud zuallererst die Übertragung unbewußten Materials in das Vorbewußte meinte. Der spätere Gebrauch von Übertragungsphänomenen, um Aspekte der Beziehung von Patienten zu Therapeuten zu kennzeichnen, nannte Kohut im Unterschied dazu die »technische Übertragung«. Diese Unterscheidung ermöglichte Kohut zwischen Situationen zu differenzieren, in der die Beziehung zu dem Therapeuten eine Übertragung darstellte und solchen, in denen diese Beziehung andere Qualitäten ausdrückte. Kohut nahm an, daß der Analytiker wie ein Tagesrest für den Patienten fungiert und stellte fest: »Wenn er zum Unterstützer, Helfer, Freund, Belohner des Patienten würde, dann könnte er nicht genauso gut als Übertragungsobjekt gebraucht werden. Der Analytiker kann sich als Übertragungsfigur anbieten, da er keine »reale« Bedeutung im Leben seines Patienten hat.«

In seinem Buch Narzißmus (»Die Analyse des Selbst«) beschrieb Kohut (1971) die narzißtische Übertragung, die charakteristisch für narzißtische Persönlichkeitsstörungen ist und differentialdiagnostisch genutzt werden kann. Bei diesen läßt die Stabilität der inneren Objekte spezifische, narzißtische Übertragungen ohne schwere Fragmentierungen zu im Unterschied zu Psychosen oder Borderline-Störungen. Im Vergleich zu narzißtischen Persönlichkeitsstörungen können Patienten mit klassischen Übertragungsneurosen die Objekte differenzierter wahrnehmen, und die Pathologie spielt sich nicht in dem relativ kohäsiven Selbst ab, sondern in den Objektbeziehungen. Die auftretende Angst bezieht sich auf die drohende Strafe vor Verlassenwerden. Im Vergleich dazu tritt die Angst eines Patienten mit narzißtischer Persönlichkeitsstörung im Zusammenhang mit seinem Bewußtwerden der eigenen Verletzlichkeit und seiner relativen Anfälligkeit für Fragmentierungen auf. Die zentrale Pathologie besteht in Fixierungen von narzißtischen Konfigurationen, die das Selbst ihrer verläßlichen Quelle für die Kohäsion beraubt und zu einer Unfähigkeit führt, das Selbstgefühl stabil aufrechtzuerhalten und zu regulieren. Kohut entdeckte die Selbstobjekt-Übertragungen bei der Behandlung eines bestimmten Falles, Miss F. (Kohut 1971). Bei positiver Entwicklung in der Frühphase der Analyse dieser Patientin kam ein Zeitpunkt, an dem die Patientin jede Sitzung unterbrach und entschieden eine Reaktion von Kohut einforderte. Sein Versuch, dieses Verhalten traditionell triebtheoretisch zu verstehen und als ödipale Übertragung zu deuten, schlug fehl. Nach langen Auseinandersetzungen mit der Patientin und sich selbst kam Kohut zu dem Schluß, daß die Patientin vom ihm eine spiegelnde Reaktion auf ihre Beiträge erwartete. Indem er sich auf diese Weise spiegelnd verhielt (z. B. ihren Beitrag zusammenfaßte oder paraphrasierte) schritt die Analyse fort. Zunehmend wurde es möglich, diese spiegelnde Selbstobjekt-Übertragung zu interpretieren. Als wesentliches Merkmal jeder Selbstobjekt-Übertragung wird hier die Auflösung einer Entwicklungsarretierung beschrieben, wodurch das Selbst weiter wachsen kann. Anhand solcher klinischer Erfahrungen beschrieb Kohut verschiedene Formen der Selbstobjektübertragungen, die aus dem Bedürfnis nach einem Selbstobjekt entstehen.

In seinem Buch »Theorie und Praxis der psychoanalytischen Selbstpsychologie« versteht Ernest Wolf (1988) die Selbstobjektübertragung als die Verlagerung von Bedürfnissen des Analysanden nach einer responsiven Selbstobjektmatrix auf den Analytiker. Diese Bedürfnisse gehen teilweise auf wiederbelebte oder regressiv veränderte archaische Selbstobjektbedürfnisse zurück. Selbstobjektübertragungen manifestieren sich in der Äußerung direkter oder impliziter Forderungen an den Analytiker oder in der Abwehr dagegen, die Forderungen auszudrücken. Spezifische Arten der Selbstobjektübertragungen sind: die Verschmelzungsübertragung, die Spiegelübertragung, die Alter-Ego-Übertragung, die idealisierende Übertragung und die kreative Übertragung.

Es stellt sich dann eine *Selbstobjektgegenübertragung* ein, wenn der Therapeut den Patienten wie einen Teil seiner selbst wahrnimmt (Wolf 1979, Köhler 1984). Die Veränderung des eigenen Selbstwertgefühls spiegelt dem Therapeuten die Selbst-Selbstobjektbeziehung zu dem Patienten wider. Weil gerade das Spezifische der Selbstobjektübertragung darin besteht, daß der Analytiker nicht als ein »Zentrum eigener Initiative« erlebt, sondern als Selbstobjekt benötigt wird, kommt es zu besonderen Gegenübertragungsproblemen, die von Köhler (1988) näher beschrieben wurden. So kann sich der Analytiker durch die bei archaischen Spiegelübertragungen auftretenden Verschmelzungswünsche seines Patienten bis hin zur Selbstauflösung bedroht fühlen. Er kann aber auch Langeweile empfinden, sich möglicherweise nicht emotional engagieren oder seine Aufmerksamkeit nur schwer aufrechterhalten, wenn ein Patient eine Alter-Ego-Übertragung entwickelt und möglicherweise nicht sagt, was in ihm vor sich geht, weil er annimmt, der Analytiker wisse dies ohnehin. Der Analytiker kann darunter leiden, »nur« als Spiegel dienen zu müssen und nicht als ganze Person erlebt zu werden (S. 340). Der Analytiker kann sich auch verkannt fühlen, wenn der Patient ihm in der idealisierenden Übertragung Eigenschaften zuschreibt, die er nicht hat, ihn anhimmelt oder immer wieder betont, wie wohl er sich in seiner Gegenwart fühlt. Dies kann für manchen Analytiker in unangenehmer Weise überstimulierend wirken und seine Abwehr gegen die eigenen Grandiositätsbedürfnisse bedrohen. Köhler schreibt: »Viele narziβtische Patienten haben eine besondere Sensibilität für die empfindlichen Stellen des Analytikers. Ist man erst einmal vom Patienten getroffen und verletzt, fällt es oft schwer, an dem vielleicht hinter der kränkenden Entwertung stehenden Idealisierungswunsch zu denken«. Und schließlich sind auch die genuinen Selbstobjektbedürfnisse des Analytikers gegenüber seinen Patienten als besondere Form der Gegenübertragung zu berücksichtigen (Bacal und Thomson 1996).

In der psychoanalytischen Literatur besteht gegenüber der Abgrenzung des Begriffes Gegenübertragung eine groβe Variationsbreite. Manche Autoren verstehen unter Gegenübertragung alles, was von der Persönlichkeit des Analytikers in die Behandlung einflieβt, andere begrenzen die Gegenübertragung auf die unbewuβten Prozesse, die die Übertragung des Analysanden beim Analytiker induziert. Laplanche und Pontalis definieren Gegenübertragung als »Gesamtheit der unbewuβten Reaktionen des Analytikers auf die Person des Analysanden und ganz besonders auf dessen Übertragung«.

In den letzten Jahren werden als zwei Grunddimensionen der therapeutischen Beziehung unterschieden: der Analytiker als Umwelt und als Objekt (Bettighofer 1998). Im Hinblick auf den entwicklungsbezogenen Aspekt der Übertragung wird der Analytiker nicht nur als ein Projektionsschirm zur Aufarbeitung der inneren Konflikte des Patienten verstanden, sondern er tritt vielmehr als eine neue wesentliche Bezugsperson in das Leben des Patienten ein und ruft durch seine eigene Subjektivität einen therapeutischen Prozeß im Patienten hervor. Diese neuen Entwicklungen entsprechen den Auffassungen der Selbstpsychologie, die das falsche Leitbild von Autonomie und Unabhängigkeit, wie sie in der Spiegelmetapher zum Ausdruck kommt, immer wieder kritisiert, und sie vertritt die Position, daß der Mensch während seines gesamten Lebens in eine Matrix von Selbstobjekt-Beziehungen eingebettet ist und damit von der Selbstobjektbeziehung zu bedeutsamen Anderen abhängig bleibt. Diese Selbstobjektbeziehungen verändern sich zwar in ihrer Qualität im Laufe des Lebens, sie bleiben jedoch in jedem Fall bestehen. Auch in die Behandlung kommt der Patient mit Selbstobjektbedürfnissen, so unbewußt und arretiert sie auch sein mögen, und richtet sie früher oder später auf den Therapeuten in der Erwartung, daß dieser entwicklungsfördernd mit ihnen umgeht (Fosshage 1994). Gleichzeitig hegt der Patient auch Befürchtungen, daß sich seine negativen Erfahrungen in der Beziehung zum Analytiker noch einmal wiederholen könnten; manche Patienten erwarten das geradezu. Da sich die Patienten der Beziehung nicht sicher sind, testen sie die Therapeuten aus und stellen sie auf die Probe. Stolorow, Branchaft und Atwood (1987) sehen in dieser Dynamik die beiden Pole einer intersubjektiven Dynamik der Übertragung und berücksichtigen somit die objektalen Übertragungsanteile nicht mehr explizit. Die aktuellste selbstpsychologische Konzeption eines Übertragungs-Gegenübertragungsmodells zeigt sich, beeinflußt durch die Säuglingsforschung, in der Annahme eines gegenseitigen Einflusses zwischen Analytiker und Patient (Beebe und Lachmann, 1998).

Neben den Vorträgen des 6. Internationalen Selbstpsychologie-Symposiums in Dreieich 1999 zum Thema Übertragung und Gegenübertragung haben wir in diesen Band noch einige weitere bisher im Deutschen unveröffentlichte Beiträge von E. S. Wolf, A. Ornstein und F. M. Lachmann aufgenommen. Weiterhin berichtet M. Putzke aus selbstpsychologischer Perspektive über den Umgang mit psychotisch Kranken. Der Band wird durch ein Interview mit Paul Ornstein abgerundet.

Literatur

Alexander, F. (1956): Psychoanalysis and psychotherapy: developments in theory, technique, and training. New York (Norton).

Bacal, H. A., und Thomson, P. G. (1996): The psychoanalyst's selfobject needs and the effect of their frustration on the treatment: a new view of countertransference. In: Goldberg, A. (Ed.): Progress in Self Psychology, Vol. 12, S. 17-36. Hillsdale, NJ (Analytic Press).

Beebe, B.,und Lachmann, F. M. (1998): Co-constructing inner and relational processes: self-and mutual regulation in infant research and adult treatment. Psychoanal. Psychology 15:480-516.

Bettighofer, S. (1998): Übertragung und Gegenübertragung im therapeutischen Prozeß. Stuttgart (Kohlhammer).

Ferenczi, S. (1909): Introjektion und Übertragung. Bausteine der Psychoanalyse, Bd. 1, S. 9-57. Frankfurt am Main (Ullstein).

Ferenczi, S., Rank, O. (1924): Entwicklungsziele der Psychoanalyse. Bausteine der Psychoanalyse, Bd. 3, S. 221-293. Frankfurt am Main (Ullstein).

Fosshage, J. (1994): Toward reconceptualizing transference: theoretical and clinical considerations. Internat. J. Psycho-Anal. 75:265-280.

Freud, S. (1912): Ratschläge für den Arzt bei der psychoanalytischen Behandlung. G.W., Bd. 8, S. 375-387.

Freud, S. (1914): Weitere Ratschläge zur Technik der Psychoanalyse: II. Erinnern, Wiederholen und Durcharbeiten. G.W., Bd. 10, S. 125-136.

Gill, M. M. (1982): Analysis of transference. Vol. 1. New York (IUP). (1996) Die Übertragungsanalyse. Theorie und Technik. Frankfurt am Main (Fischer).

Köhler, L. (1984): On selfobject countertransference. The Annual of Psychoanalysis 12/13:39-56.

Köhler, L. (1988): Probleme des Analytikers mit Selbstobjektübertragungen. In: Kutter, P.,

Kohut, H. (1971): The Analysis of the Self. New York (IUP). (1973) Narzißmus. Eine Theorie der psychoanalytischen Behandlung narzißtischer Persönlichkeitsstörungen. Frankfurt am Main (Suhrkamp).

Laplanche, J.,und Pontalis, J.-B. (1967): Wörterbuch der Psychoanalyse. 2 Bde. Frankfurt am Main (Suhrkamp) 1972.

Páramo-Ortega, R. und P. Zagermann (Hg.): Die psychoanalytische Haltung. München, Wien (Internat. Psychoanalyse).

Stone, L. (1961): The psychoanalytic situation. An examination of its development and essential nature. New York (IUP). (1973) Die psychoanalytische Situation. Frankfurt am Main (Fischer).

Stolorow, R. D., Brandchaft, B., und Atwood, G. E. (1987): Psychoanalytic treatment. An intersubjective approach. Hillsdale, NJ (Analytic Press). (1996) Psychoanalytische Behandlung. Ein intersubjektiver Ansatz. Frankfurt a. M. (Fischer).

Strachey, J. (1934): The nature of the therapeutic action of psychoanalysis. Int. J. Psychoanal. 15:127-159.

Wolf, E. S. (1979): Transferences and countertransferences in the analysis of disorders of the Self. Contemp. Psychoanal. 15:577-594.

Wolf, E. S. (1988): Treating the Self. Elements of clinical Self Psychology. New York (Guilford). (1996) Theorie und Praxis der psychoanalytischen Selbstpsychologie. Frankfurt a. M. (Suhrkamp).

Übertragung: Von Dora zu Herrn Z. und darüber hinaus

Paul H. Ornstein

Einleitung

Im folgenden möchte ich mich in einem historischen Überblick mit dem Begriff der *Übertragung* – dem zentralen, unverwechselbaren Konzept der Psychoanalyse – beschäftigen und ihn einer kurzen, kritischen Einschätzung unterziehen. In unserem alltäglichen, normalen psychoanalytischen Diskurs setzen wir es als selbstverständlich voraus, daß wir alle die Bedeutung und Verwendung dieses Schlüsselbegriffs verstehen und ihn nicht mehr definieren müssen, wenn wir uns seiner bedienen. Sobald wir ihn jedoch genauer unter die Lupe nehmen, seine Bedeutung untersuchen und seine Geschichte Revue passieren lassen, sehen wir uns sofort mit einer Vielzahl von Definitionen und Anwendungsweisen und den Schicksalen seiner komplexen Geschichte konfrontiert. Ein Aspekt dieser Geschichte besteht darin, daß wir ganz selbstverständlich von einer allgemeingültig definierten und konstanten Bedeutung und Verwendung des Übertragungsbegriffes ausgegangen sind. Dies hatte zur Folge, daß wir eine wichtige Konsequenz übersehen haben: Von Anfang an und in ihrer gesamten Geschichte diente die Übertragung nie wirklich als unveränderlicher Praxisleitfaden – das haben wir nur geglaubt. Und der Begriff diente auch nie wirklich als stabile Plattform für eine Betrachtung der Theorien, die sich aus dem Behandlungsprozeß heraus entwickelt haben – das haben wir ebenfalls nur geglaubt. Dies ist es, was uns das sorgfältige Studium der Geschichte des Konzeptes lehrt, bei allem Respekt vor Freuds genialem Schritt, mit dem er die Übertragung zum Eckpfeiler seiner klinischen Arbeit und Theoriebildung machte.[1]

Vielleicht gerade deshalb, weil die Übertragung ein derart zentrales Definitionsmerkmal der Psychoanalyse darstellt, waren Psychoanalytiker nur widerstrebend bereit, die Validität des Konzepts, so wie es ursprünglich definiert wurde, und insbesondere die empirischen Daten, auf denen es beruht, in Frage zu stellen. Stattdessen haben viele Analytiker seine Verwendung in ihrer klinischen Arbeit stillschweigend und auf individuell unterschiedliche Weise verändert. Diese Veränderungen führten zwangsläufig zu breiten Modifizierungen der klinischen Theorie und des Deutungsansatzes – der »Handhabung der Übertragung« – und erschütterten so unmerklich die Grundlagen der traditionellen Psychoanalyse, allerdings ohne einen radikalen Paradigmenwechsel nach sich zu ziehen. Entscheidende Elemente der ursprünglichen klinischen Verwendung des Konzeptes, nämlich die Grundsätze, daß die Übertragung 1. eine Wiederholung darstelle, 2. einen Widerstand gegen das Erinnern sowie 3. gegen die Aufgabe verfestigter libidinöser Positionen, und daß sie 4. als Entstellung der gegenwärtigen Realität zu verstehen sei, wurden in diesen Revisionen im wesentlichen beibehalten.

Kohut vertrat eine vollkommen andere Auffassung über das entscheidende Element der Übertragung – ohne zu leugnen, daß dem äußeren Beobachter diese Auffassung verständlicherweise als »Entstellung« erscheinen konnte. Er führte neue Übertragungskonfigurationen ein und gelangte auf diesem Weg zu einer Neuformulierung der psychoanalytischen Methode und Theorie.

Im folgenden möchte ich erstens einen kurzen Blick auf Freuds Konzept und Verwendung der Übertragung unter Bezug auf das empirische Material der Dora-Analyse werfen. Zweitens werde ich im Hinblick auf die ins Wanken geratene Uniformität des Konzepts willkürlich einige wenige bedeutsame postfreudianische Sichtweisen zitieren. Drittens möchte ich Kohuts Revision des Konzeptes und seiner Verwendung, wie sie die beiden Analysen von Herrn Z. illustrieren, erläutern. Und viertens werde ich einige abschließende Bemerkungen über den klinischen und theoretischen Stellenwert der Übertragung, wie ich ihn heute verstehe, formulieren.

Freuds Konzept und Verwendung der Übertragung: Doras Analyse

In der *Traumdeutung* (1900) schuf Freud die Grundlagen für die Meta-psychologie der Übertragung und damit für seine gesamte topische Theorie der Psyche. Unbewußte, in Trieben wurzelnde Wünsche, Phantasien, Impulse usw. passieren eine geschwächte Verdrän-gungsschranke und heften sich an vorbewußte psychische Inhalte (normalerweise in Träumen, Versprechern, Fehlleistungen u.ä.). Sie liegen der Symptombildung in den Psychoneurosen zugrunde – die das Resultat einer »Wiederkehr des Verdrängten« darstellen. Eben-diesen psychischen, als *Übertragung* bezeichneten Mechanismus entdeckte Freud als ubiquitäres, unvermeidbares klinisches Phäno-men wieder – erweitert und in der Behandlungssituation auf die Person des Analytikers konzentriert –, nachdem er Doras Analyse beendet und im Anschluß daran über jene Erfahrung nachgedacht hatte (Freud 1905).

Im »Nachwort« zu seinem Fallbericht beschrieb Freud eine *schick-salhafte Entdeckung* oder eine *brilliante Konstruktion*, die später, wie bereits erwähnt, zum Eckpfeiler der Psychoanalyse werden sollte.[2] Mit seiner metapsychologischen Definition der Übertragung schuf Freud die Grundlage seiner ersten Theorie der psychischen Funkti-onsweisen – eine Theorie des psychischen Apparates; und mit seiner späteren klinischen Definition und Verwendung der Übertragung entwickelte er eine Theorie des Behandlungsprozesses, die untrenn-bar mit seiner Theorie des psychischen Apparates zusammenhing. Die Verdrängung, bis zu einem gewissen Punkt ein gesunder intrin-sischer Abwehrmechanismus, hindert unbewußte Wünsche, Phanta-sien, Impulse usw. daran, ins Vorbewußte sowie ins bewußte Gewahr-sein einzudringen und durch Bildung mannigfaltiger Abwehrmecha-nismen verheerende Auswirkungen auf die Symptombildung und/oder die Erzeugung klinisch signifikanter Persönlichkeitsverän-derungen zu nehmen. Auf diese Weise konnte Freud mit dem Konzept der Verdrängung und dessen, was verdrängt wird, sowie dem Konzept der Übertragung und dessen, was übertragen wird, die Struktur der Gesundheit (wenn die Verdrängung zufriedenstellend funktioniert) und das gesamte Spektrum der Psychopathologie (wenn die Verdrängung mißlingt) erforschen und beschreiben.

Sobald jedoch die präzise metapsychologische Definition der Übertragung in ihre klinische Bedeutung und Verwendung übersetzt wurde, wich ihre ursprüngliche Spezifität einer verwirrenden Vielfalt unterschiedlicher Verständnis- und Handhabungsweisen. Das zentrale und allgemein anerkannte Element des Begriffs der Übertragung besagte, daß diese die »psychische Realität« des Patienten im Gegensatz zur gegenwärtigen, äußeren, konsensuellen Realität abbilde. Aber diese wichtige Einsicht wurde von einer hartnäckigen analytischen Konzentration auf die Übertragung als Entstellung überschattet. Und heutzutage betrifft einer der umstrittensten Aspekte des Begriffs die Art und Weise, wie Analytiker unterschiedlicher theoretischer Überzeugungen (und sogar Analytiker mit derselben theoretischen Überzeugung) die klinischen Manifestationen der Übertragung im Deutungsprozeß handhaben.

Die Übertragung wird, einfach formuliert, als Schablone der frühen Beziehungen des Patienten verstanden. Diese Schablone determiniert, zumeist außerhalb des Gewahrseins, automatisch die Beziehungen, die jeder von uns zu allen anderen Menschen, also auch zur Person des Analytikers in der Behandlungssituation, aufnimmt. Im analytischen Prozeß sollen sich, so die Erwartung, *Übertragungsreaktionen* durch Reaktivierung einer verdrängten infantilen Neurose zu einer »Übertragungsneurose« verdichten – und die Voraussetzung für eine psychoanalytische Behandlung schaffen.

Freud war der Ansicht, daß die Übertragung (und die Übertragungsneurose) unweigerlich *vollständig* aus der inneren Welt des Patienten hervorgehe. Der übertragene Affekt heftet sich »geschickt«, wie er sagt, an irgendeine reale oder rückgeschlossene Ähnlichkeit, welche die Eigenschaften des Analytikers mit denen wichtiger Objekte aus der Kindheit aufweisen – so wie unbewußte Affekte in der Traumbildung »die Verdrängungsschranke« passieren und sich an Tagesreste heften. Die Schablone enthält sowohl die positiven (liebevollen) als auch die negativen (feindseligen) Gefühle, so daß die Übertragung immer ambivalent ist. Die positive Übertragung enthält zwei voneinander zu unterscheidende Elemente. Erstens die »unanstößigen« freundlichen, zärtlichen Gefühle, Sympathie, Vertrauen – die mühelos bewußt anerkannt werden können und daher in der Analyse keine Probleme bereiten, sondern den Prozeß im Gegenteil vorantreiben. Zweitens tragen die unbewußten, unsublimierten, infantilen, erotischen Sehnsüchte, die vom Patienten nicht ohne weiteres anerkannt und akzeptiert werden, mit zur Erzeugung eines Widerstandes bei. Die wichtigsten Elemente des Widerstandes aber, die massivsten Hindernisse, die sich einem Fortschritt entgegenstellen, sind die unbewußten feindseligen Gefühle des Patienten, die gleichzeitig mit den liebevollen oder hinter ihnen verborgen unweigerlich vorhanden sind. Freud war der Meinung, daß die Verbindung der unbewußten, infantilen, erotischen Gefühle mit den unbewußten feindseligen Gefühlen die Übertragung zum hartnäckigsten Widerstand werden lasse.[3]

Im Verbindung mit seiner Überlegung, daß die Neurose durch eine »Wiederkehr des Verdrängten« (oder, wie er es später formulierte, durch das Eindringen des Es ins Ich) entstehe, erschienen Freuds therapeutische Empfehlungen ausgesprochen sinnvoll. Der Analytiker solle den Widerstand und die Übertragung auf ihre unbewußten Quellen zurückführen – das heißt, »das Unbewußte bewußt machen« (oder, wie es bei Freud später heißt: »Wo Es war, soll Ich werden«) – , um die pathogenen Konflikte zu entgiften, denn toxisch werden sie gerade dadurch, daß sie unbewußt sind. Man führe sie ins Bewußtsein, integriere sie ins Ich, und die Konflikte werden der Fähigkeit des erwachsenen Ichs, sie zu lösen, weichen. In unseren Ohren klingt dies heute einfach, ja naiv. In ihrem ursprünglichen Kontext aber waren diese Empfehlungen zweifellos revolutionär. Freud selbst hat sich später mit den Komplexitäten und Schwierigkeiten auseinandergesetzt, denen er beim Durcharbeiten der Übertragung begegnete, und sie sehr detailliert in Verbindung mit einigen Modifizierungen beschrieben, die er vornahm, um seine Konzeption mit seinen sich herausbildenden Theorien in Einklang zu bringen (Freud 1912, 1916-17, 1937).[4]

An dieser Stelle genügt der Hinweis, daß Freuds Theorie der Psyche, des Unbewußten (einschließlich der Triebtheorie), der Verdrängung, der Genese der Neurosen und die Konzepte von Widerstand und Übertragung aufs engste miteinander zusammenhängen. Die einzelnen Teile sind vom Ganzen nicht zu trennen. Das macht ihre Schönheit aus; das hat ihnen lange Zeit ihre Überzeugungskraft verliehen; und eben hier erweist sich auch ihre Schwäche, wenn man sie empirisch zu verifizieren versucht und in bezug auf die Behandlungsempfehlungen der Theorie untersucht. Sobald ein einzelnes Schlüsselelement revisionsbedürftig wird, erfordert dies unter Umständen eine radikale Umstruktrurierung des gesamten Gebäudes. Kein Wunder also, daß es Generationen von Psychoanalytikern so lange Zeit widerstrebte, Freuds Kernideen, die Grundlagen der Psychoanalyse, einer kritischen Prüfung zu unterziehen.

Meine Frage lautet nun: Hat die Analyse, die Freud mit Dora durchführte, sein klinisches Übertragungskonzept untermauert? Meine rasche Antwort lautet: nein. Sie hat es nicht bestätigt. Ich werde dies nur kurz erklären und möchte Sie auf meine detailliertere, umfassende Untersuchung der Dora-Analyse verweisen, in der Sie weiteres klinisches Material finden, das meine Sichtweise stützt (P. H. Ornstein 1993).[5]

Im folgenden also eine sehr verkürzte Zusammenfassung. Dora wurde von ihrem Vater zu Freud gebracht, angeblich wegen einer Vielfalt somatischer Symptome, Depressionen, Reizbarkeit und Suizidgedanken, in Wirklichkeit aber vor allem wegen des hartnäckigen, äußerst beunruhigenden Drucks, den sie durch ihr Verhalten auf ihn ausübte, damit er seine Affäre mit Frau K. beende. Er bat Freud eindringlich, Dora »auf bessere Wege zu bringen«. Sie wußte dies – oder ahnte es zumindest – und beharrte bei Freud um so nachdrücklicher darauf, ihren eigenen Vorstellungen Geltung zu verschaffen. Sie wollte, daß ihr Vater die Affäre zugab und beendete, und sie wollte, daß Freud *ihre* Version der Wahrheit verstand und akzeptierte. Es gab noch einen weiteren Faktor, der die Vater-Tochter-Beziehung zusätzlich komplizierte. Herr und Frau K. waren mit Doras Eltern befreundet. Dora selbst stand dem Ehepaar K. und dessen zwei kleinen Kindern sehr nahe und hatte in Frau K. eine fürsorgliche und liebevolle Freundin gefunden, das genaue Gegenteil ihrer eigenen Mutter. Dora schätzte die Beziehung zu Frau K. sehr. Auch Herr K. bewies Dora ungewöhnlich große Aufmerksamkeit, ging mit ihr spazieren und zeigte ihr seine Gefühle, indem er ihr Briefe schrieb und ihr häufig kleine Geschenke, Blumen usw. mitbrachte. All dies schien zunächst, oberflächlich betrachtet, über bloße Freundschaft nicht hinauszugehen.

Wie Sie sich vermutlich erinnern, hatte Freud von Doras Vater erfahren, daß deren aktuelle Depression und die Intensivierung ihrer somatischen Symptome und Suizidgedanken durch ein nicht lange zurückliegendes Ereignis ausgelöst worden seien. Dora behauptete, »Herr K. habe auf einem Spaziergang nach einer Seefahrt gewagt, ihr einen Liebesantrag zu machen«. Ohne all dem, was Herr K. zu sagen hatte, zuzuhören, versetzte sie ihm einen Schlag ins Gesicht und kehrte auf der Stelle zum Hause K. zurück. Statt wie geplant mehrere Wochen bei den K.s zu verbringen, fuhr sie unvermittelt mit ihrem Vater heim. Einige Tage später forderte Dora ihre Mutter auf, dem Vater von dem Vorfall zu berichten, und verlangte, daß ihre Eltern Herrn K. zur Rede stellten. Dieser bestritt ihren Bericht und führte ihn auf Doras Phantasie und ihre sexuelle Neugierde zurück. Doras Vater solidarisierte sich mit den K.s, und sie selbst war unglücklich, weil sie sich von jedermann betrogen fühlte. In ihrer gesamten Analyse bemühte sie sich, ihrer eigenen »historischen Wahrheit« gegenüber Freuds »genetischer Wahrheit« Gehör zu verschaffen, aber vergeblich. Freud machte sich nicht unbedingt die Annahme der übrigen Beteiligten zu eigen, daß die ganze Geschichte nichts als eine Ausgeburt von Doras sexueller Phantasie darstelle. Aber ihn interessierte als eine von vielen Betrachtungsmöglichkeiten lediglich die Frage, warum Dora nicht sexuell auf einen Mann reagieren konnte, der Freud zufolge ehrbare Absichten hatte, als er sich ihr näherte (und keine unsittlichen, wie Dora zu spüren glaubte). Freud war der Ansicht, ebendiese Unfähigkeit Doras, auf »normale« Weise zu reagieren, untersuchen zu müssen, um die Ursachen ihrer Hysterie ergründen zu können. Er blieb bei seiner Meinung, daß Dora Herrn K. liebe, gleichgültig, was sie selbst über diese Beziehung sagte, und daß sie ihre Liebe zu ihm wegen deren inzestuöser Natur verdränge. Rigoros verfolgte er diesen Gedankengang, da die Validität der These, die er zu Doras Hysterie aufgestellt hatte, von der Richtigkeit dieser beiden Annahmen abhing. Freud verhielt sich weniger wie ein Thera-

21

peut als vielmehr wie ein Detektiv, wischte Doras subjektives Erleben sozusagen vom Tisch und bestand mit Nachdruck auf der Validität seines eigenen Verständnisses der unbewußten Determinanten ihrer Symptome und Verhaltensweisen. Er beharrte sogar auf dem, was er für die »wahre« Bedeutung ihrer Leidenschaft hielt – das heißt, er übersetzte sie in ihren mutmaßlichen Ödipuskomplex.

In seinem »Nachwort« behauptete Freud, daß seine Unfähigkeit, »der Übertragung rechtzeitig Herr zu werden« (hier meint er die Übertragung von Doras Vater auf Herrn K. und von Herrn K. auf ihn selbst), der Grund für Doras unvermittelten Abbruch der Analyse gewesen sei. Eine noch größere Rolle für diesen Abbruch aber, so vermutete er rückblickend, habe die Tatsache gespielt, daß er Doras Übertragung von ihrer Mutter auf Frau K. und von Frau K. auf ihn selbst nicht erkannte – eine homosexuelle Übertragung, die Doras negativen Ödipuskomplex widerspiegelte.

Ich beurteile die Gründe dafür, daß Freud in der Analyse Doras scheiterte, anders als er selbst. Der »Fall Dora« hat zweifellos paradigmatischen Charakter. Als solcher fesselt er unsere Aufmerksamkeit, wenn wir die Ursprünge des klinischen Übertragungskonzeptes untersuchen. Gleichgültig, was wir heutzutage von Freuds Dora-Analyse halten mögen, bleibt sein Bericht doch eine imaginative, meisterhafte Erzählung. Aber hat Freud Dora wirklich *zugehört*? Hat er sie wirklich *verstanden*? Viele Analytiker haben dazu angemerkt – und am Text nachgewiesen –, daß Freud ihr in Wirklichkeit nicht zuhörte, daß er nicht hörte, was sie sagte, und daß er sie nicht verstand – was sie zum Anlaß nahm, ihn zu verlassen. Freud vertrat rückblickend die Ansicht, Dora sei gegangen, weil er die Übertragung nicht erkannt und gedeutet habe. Aber dies erzeugt den falschen Eindruck, daß Freud seine klinische Theorie der Hysterie und damit verbunden seine Konzeption der Übertragung durch Doras Analyse habe beweisen können (siehe P. H. Ornstein 1985, 1993).

Wir können lediglich sehen, daß Freud Dora nicht verstand. Er *erklärte* sie. Er zwang ihr seine eigenen, bereits vorhandenen theoretischen Ideen auf, um seine Theorie der Hysterie zu beweisen. Er nahm Doras wiederholte, vehemente Klagen, die er zum Ausgangspunkt seiner Untersuchung hätte machen müssen, nicht ernst. Freud erkannte – auch im nachhinein – nicht, daß Dora von ihm vor allem Verständnis für ihr Gefühl erwartete, von ihrem Vater schlecht behandelt worden zu sein, weil er Herrn K.s Beziehung zu ihr ohne ein Wort entschuldigte. Sie glaubte, ihr Vater habe dies als eine Art Tauschhandel betrachtet, damit er seine Affäre mit Frau K. fortsetzen konnte und alle Beteiligten den Mund darüber hielten und es akzeptierten. Freud wußte dies zweifellos, aber er ließ es unberücksichtigt, um *seine eigenen Theorien* über Doras unbewußte Motivation – denen er Vorrang über Doras subjektives Erleben einräumte – weiter verfolgen zu können.

Aus einer großen Zahl kritischer Stimmen zu Freuds Vorgehen in Doras Analyse[6] – es sind zu viele, um hier alle zu nennen – erwähne ich lediglich Sand (1983), die den Fallbericht einer sehr gründlichen Analyse unterzogen und die Grundlagen dieser Behandlung in Frage gestellt hat. Sie untersuchte jedes Detail und sonderte zehn verschiedene Behauptungen aus Freuds Darstellung heraus, um zu bestimmen, welche von ihnen bestätigt wurden und welche unbestätigt blieben. Sand kam zu dem Schluß, daß Freud interessante und imaginative Hypothesen formulierte, die aber alle, von der partiellen Validierung einer einzigen abgesehen, unbestätigt blieben. Sie zog – ebenso wie ich – das Resümee, daß »Freuds Unfähigkeit, zwischen seinen eigenen Assoziationen und denen Doras zu unterscheiden«, die er vielmehr »vermischte und allesamt so behandelte, als seien es ihre, ein epistemologisches Trugbild erzeugten, dem wir noch immer nachhängen« (diese Erkenntnis war erst 1983 möglich!). Wir können daher schließen, daß weder die Theorie der Hysterie noch das Übertragungskonzept in Doras Analyse empirisch validiert wurden. Ihre lange Halbwertzeit verdanken sie vermutlich ihrem hoch imaginativen Charakter, ihrer Originalität, Freuds überzeugender Erzählgabe und der Tatsache, daß sie sich fest in seine systematische Theorie der Psyche einfügten und auf diese Weise Analytikern die Illusion vermittelten, bestätigt zu sein. Wir wissen, daß sogar falschen Hypothesen ein enormes heuristisches Potential innewohnen kann – und auf Freuds Hypothesen trifft dies zweifellos zu. Ich möchte jedoch behaupten, daß wir uns in der heutigen Praxis nur noch einer verwässerten Version des ursprünglichen Konzeptes bedienen, und möchte dies anhand einiger weniger beispielhafter postfreudianischer Sichtweisen illustrieren.

Postfreudianische Ansichten: Die zerstörte Uniformität des Übertragungskonzeptes

Die freudianischen und die verschiedenen postfreudianischen psychoanalytischen Techniken sind wiederholt systematisch überprüft und beurteilt worden.[7] Es ist jedoch schwierig, sich speziell auf die Schicksale der Übertragungs-Gegenübertragungs-Konfigurationen und unsere veränderte und weiterhin in Veränderung begriffene Sicht des Widerstandes zu konzentrieren. Ein chronologisches oder geradliniges Vorgehen ist nicht möglich. Widersprüchliche Formen des Umgangs mit nur wenigen ausgewählten Aspekten der ursprünglichen Übertragungsdefinition und ihrer Verwendung stehen Seite an Seite, und häufig liegen zwischen ihrer Formulierung mehrere Jahrzehnte. Ein rascher Blick auf einige wenige Beispiele soll uns eine Vorstellung von diesen »idiosynkratischen« Verwendungsweisen vermitteln – die ich als »idiosynkratisch« bezeichne, weil sie kaum in die »technischen Grundsätze« der jeweiligen Epoche integriert wurden. Ich werde mich auf lose Gruppen und Trends konzentrieren, weniger auf einzelne Beiträge, und möchte sie in einen Bezug zu den verschiedenen Komponenten von Freuds ursprünglicher Definition stellen, um einige in der postfreudianischen Ära entwickelte Veränderungen besonders hervorzuheben.

Die gesamte Übertragung geht aus *dem* Unbewußten hervor

Obwohl diese Überlegung seit langer Zeit vertreten wird, hat sie gegenüber ihrer ursprünglichen Bedeutung eine beträchtliche Abschwächung erfahren. Erstens revidierte Freud seine Theorie über das »System Ubw« und sprach statt dessen von der *unbewußten* (vorbewußten und bewußten) Erfahrungs*qualität* (*qualities* of experience). Als die Ichpsychologie die topische Theorie verdrängte, ermöglichte die klinische Erfahrung zweitens die Entdeckung, daß die Übertragung mehr und mehr vorbewußte und sogar bewußte Elemente enthielt. Somit schien die zuvor hermetisch geschlossene Verdrängungsschranke leichter passierbar, als man vermutet hatte. Dies hat zweifellos zur Lockerung der strikten Abgrenzung gegenüber vorbewußtem und bewußtem Erleben beigetragen[8] – die Übertragung wird also nicht mehr als vollständig unbewußt betrachtet.

In deutlichem Gegensatz zu der Vorstellung, daß die Übertragung sich aus der Innenwelt heraus entfalte, stehen die zahlreichen Auffassungen, denen zufolge sie von den beiden am analytischen Prozeß beteiligten Personen gemeinsam konstruiert wird. Was ihre Gestalt, ihre Form und ihren Inhalt betrifft, so leistet der Analytiker mit seiner Gegenübertragung sowie mit seinen verbalen und nonverbalen Reaktionen, mit dem, was er erkennt und worauf er reagiert, was er übersieht oder übergeht und dem, was er unabsichtlich oder absichtlich ablehnt, einen entscheidenden Beitrag.

Die früheren Sichtweisen führten zu der Annahme, daß die Übertragung, da sie sich von innen heraus entfalte, die Entwicklungsgeschichte des Patienten getreulich offenbare (vor allem durch die Übertragungsneurose) und Licht auf die genetischen wie auch dynamischen Quellen von Neurose und Persönlichkeitsproblemen werfe. Die Rekonstruktion der Art früher pathogener Erfahrungen werde durch die korrekte Lesart der Manifestationen der Übertragungsneurose ermöglicht – daher sei die auf das Material im *Hier und Jetzt* der Übertragung gestützte Rekonstruktion der frühen Entwicklung verläßlich. Die neueren Überlegungen, nach denen Analytiker und Patient die Übertragung gemeinsam konstruieren, lassen die Validität analytischer Rekonstruktionen zweifelhaft erscheinen. Darüber hinaus gibt es Positionen zwischen diesen beiden Extremen, die wiederum ein je spezifisches Verständnis der Übertragung und ihrer Handhabung im Deutungsprozeß vertreten.

Übertragung als Wiederholung

Insofern die Übertragung lediglich als Wiederholung betrachtet wurde, spiegelte sie zweifellos wider, was der Patient aus seiner bisherigen Erfahrung und seiner Persönlichkeitsstruktur in die

Behandlungssituation einbrachte – ohne daß die spezifischen Reaktionen des Analytikers Einfluß darauf ausübten. Zu Anfang brachte man den Charakter dieser Wiederholung noch nicht mit der Gegenübertragung des Analytikers in Verbindung, sondern betrachtete ihn als einen triebbedingten »Wiederholungszwang« – der ohne jeglichen äußeren Stimulus ausschließlich innerlich entsteht. Mittlerweile wissen wir, daß die Wiederholung einem bestimmten Zweck dient: Sie soll eine bessere Lösung der ursprünglichen, traumatisch induzierten Abwehrhaltung ermöglichen, die für die aktuellen Schwierigkeiten verantwortlich ist. Unter Gegenübertragung verstand man damals lediglich das Eindringen solcher Reaktionen des Analytikers in den Behandlungsprozeß, die diesen beeinträchtigten. Später erkannte man, daß Übertragung und Gegenübertragung zwangsläufig miteinander zusammenhängen und sich erstere nicht ohne letztere entfalten kann – und mitunter wurde der Erfolg der Analyse tatsächlich durch die Art der Gegenübertragung des Analytikers beeinträchtigt oder vereitelt.

Die Auffassung, daß Gegenübertragungsreaktionen grundsätzlich Aufschluß über die Beschaffenheit der Probleme eines Patienten geben und daher eine verläßliche Orientierung zu seinem Verständnis bieten, wird mittlerweile auf breiter Front vertreten – ohne hinreichende Skepsis bezüglich der Validität einer solchen Annahme. In größerem Umfang anerkannt ist jedoch die Sichtweise, daß Übertragung und Gegenübertragung nicht getrennt voneinander betrachtet werden können. Wir könnten sogar sagen, daß es keine bedeutungsvolle Übertragung ohne eine komplementäre Gegenübertragung gebe, welche die emotionale Beteiligung des Analytikers widerspiegelt – es gibt keine Übertragung im Vakuum –, und daß nicht alle Gegenübertragungsreaktionen ein Hindernis für eine erfolgreiche Behandlung darstellen; manche sind einem günstigen Ergebnis sogar zuträglich.

Übertragung als Widerstand

Die Annahme, daß Patienten dem Erinnern Widerstand leisten und sich ebenso auch der Aufforderung widersetzen, ihre Abwehrhaltungen (ihre Symptome und Verhaltensmuster) aufzugeben, ist die am weitesten verbreitete psychoanalytische Haltung. Widerstandsanalyse ist praktisch gleichbedeutend mit Psychoanalyse. Ebendiesen Widerstand versuchen einige Analytiker durch direkte Konfrontation und Deutung zu modifizieren. Ein solcher systematischer »Angriff« auf die Widerstände soll die Übertragung aufdecken – das direkte Auftauchen der unbewußten infantilen Vergangenheit ermöglichen, die der Störung der Patienten zugrunde liegt. Dies hat häufig zu einer »detektivischen« Suche nach den entstellten, verborgenen Aspekten des Widerstandes geführt und in der Analyse eine feindselige Atmosphäre entstehen lassen – die dann nur die Stärke des Widerstandes bewies und nicht als Resultat des Vorgehens erkannt wurde, dessen sich der Analytiker bediente.

Nur wenige Stimmen wurden gegen dieses Verständnis und diese Behandlung des Widerstandes laut. Als man aber nach und nach zunehmend erkannte, daß der Widerstand einen Aspekt der Übertragung bildet – den der Begriff selbstschützende »Abwehr« zutreffender beschreibt –, erkannte man auch seine Notwendigkeit an. Sobald klar war, daß die Abwehrmechanismen das bestmögliche Funktionieren des Patienten gewährleisteten und daß sie nicht dazu dienten, die Bemühungen des Analytikers zu vereiteln, traten die harten Abwehrdeutungen – zumindest in manchen Schulen – gegenüber einem weniger adversativen Interaktionsstil[9] in den Hintergrund – allerdings noch ohne eine Veränderung der Theorie.[10] Die Abwehrmechanismen, die während des analytischen Prozesses mobilisiert werden, müssen als Schutz des Patienten vor der allgegenwärtigen Gefahr einer Retraumatisierung anerkannt werden. Die Angst vor dieser Retraumatisierung darf nicht bezweifelt, sondern muß akzeptiert werden, und wenn eine solche Retraumatisierung tatsächlich eintritt, ist sie als nicht-defensiv anzuerkennen.

Übertragung als psychische Realität oder als Entstellung der gegenwärtigen Realität

Das Konzept der psychischen Realität scheint zu einer respektvollen Erforschung der Quelle und Bedeutung dieser Realität einzuladen, während das Konzept einer Entstellung der gegenwärtigen Realität eher dazu herausfordert, via Konfrontation mit der gegenwärtigen

Realität, so wie sie der Analytiker beurteilt, eine Korrektur zu bewirken. Aber der »simple« Begriff der psychischen Realität hat für verschiedene Analytiker unterschiedliche Bedeutungen. Jene, die ihre Manifestationen ausschließlich auf innere Quellen zurückführen, unterscheiden die psychische Realität nicht von der *Entstellung* der gegenwärtigen Realität und behandeln sie als solche. Für jene Analytiker, die sie als gemeinsames Konstrukt betrachten, wird sie zum Gegenstand einer Untersuchung der Art und Weise, wie sie selbst zu ihren Manifestationen beigetragen haben könnten. Sie suchen den »Wahrheitskern« in der Art und Weise, wie der Patient sie erlebt, und teilen ihn dem Patienten mit, wobei sie seine Quelle anerkennen.

Ich habe bereits angedeutet, daß dieser Unterschied in Konzeption und Behandlung einem Großteil der signifikantesten Differenzen in der zeitgenössischen psychoanalytischen Technik zugrunde liegt.

Übertragungsreaktionen und Übertragungsneurose

Die Erwartung, daß sich eine deutlich erkennbare und klar abgegrenzte Übertragungsneurose – in der sich das emotionale Erleben des Analysanden vorwiegend auf die Person des Analytikers im *Hier und Jetzt* konzentriert – entwickeln werde, die dann die Voraussetzung einer erfolgreichen psychoanalytischen Behandlung bilde, wich nach und nach der Skepsis. Mitte der sechziger Jahre schließlich waren die Umrisse der Übertragungsneurose so undeutlich geworden, daß sie nicht mehr zu erkennen war. Das gleiche Schicksal ereilte die Unterscheidung zwischen Übertragungsreaktionen und Übertragungsneurose. Bei Patienten, die nun unter die Rubrik des »erweiterten Anwendungsbereichs der Psychoanalyse« fielen – Patienten mit den schwereren Persönlichkeitsstörungen –, entwickelte sich die erwartete Übertragungsneurose nämlich nicht. Eine berühmt gewordene Panel-Diskussion auf einer Tagung der American Psychoanalytic Association im Jahre 1968 konstatierte diese Sachlage und die aus ihr resultierende Unsicherheit in bezug auf den weiteren Nutzen dieser Konzepte.

Fassen wir die postfreudianischen Sichtweisen zusammen: Ich habe kursorisch die allmähliche, aber stetige Erosion bestimmter zentraler, mit dem Konzept und der Verwendung der Übertragung zusammenhängender Ideen beschrieben, die schließlich im Verlust der Übertragungsneurose als einer in jeder Analyse verläßlich erkennbaren Konfiguration gipfelte. Zeitlich fiel dieser Verlust in eine Phase der Geschichte der Psychoanalyse, in der sich die Kluft zwischen Theorie und Praxis derart erweitert hatte, daß die vorhandene Theorie für die klinische Arbeit mit jenen Patienten, die damals in wachsender Zahl in Analyse kamen, nicht länger als Orientierung dienen konnte. In dieser Situation stellte Kohut seine Arbeit vor, um die Kluft mit der Formulierung seiner erfahrungsnahen Theorien zu überbrücken. Den Einfluß, der von seinen klinischen und theoretischen Innovationen ausging, möchte ich nun in einem Überblick beschreiben.

Kohuts radikale Revision:
Die Selbstobjekt-Übertragungen

Einige wenige Schlaglichter sollten genügen. Es ist vermutlich allgemein bekannt, daß das Modell der Selbstobjekt-Übertragungen letztlich auf Kohuts Überlegungen aus den 50er Jahren zurückgeht (Kohut 1951). Es lohnt sich, einen kurzen Blick darauf zu werfen. Kohut hat die Übertragung detailliert definiert und deutlich bestimmte Qualitäten des Erlebens voneinander unterschieden, die sich in den Psychoneurosen einerseits und in den Borderline-Zuständen andererseits beobachten lassen. Seine Definition enthielt drei Komponenten: 1. eine Tendenz zur Wiederholung des verdrängten infantilen Triebs, der 2. an alte Objekte geheftet ist und 3. in seinem Streben nach Befriedigung neue Objekte sucht. Die Wiederholungstendenz und die Verwirrung zwischen alten und neuen Objekten ließen sich als Charakteristika sowohl der Neurosen als auch der Borderline-Zustände beobachten. Das dritte, entscheidende Element jedoch, nämlich der verdrängte, nach Befriedigung strebende Trieb, wurde in den Borderline-Zuständen ersetzt durch ein *zur Fragmentierung neigendes, in fragilem Gleichgewicht befindliches Selbst, das nach Beruhigung sucht.* Während andere Autoren (z. B. Greenson 1967) die Unangemessenheit der Wiederholung der Vergangenheit sowie die Realitätsverzerrung betonten, faßte Kohut den *Wunsch nach Triebbefriedigung in den Neurosen* und den *Wunsch des verletzlichen Selbst nach Beruhigung in der Selbstpathologie* explizit mit unter die Übertragung. Ebendiese letzte Aussage enthält den Keim dessen, was später zur Selbstobjektübertragung wurde (siehe P. H. Ornstein 1985).

Kohut selbst hat die Veränderung seiner Konzeption des traditionellen Übertragungsverständnisses später auf eine dringende klinische Notwendigkeit zurückgeführt: die unablässigen Klagen, in die einige seiner Patienten ausbrachen, wenn er ihre massive Zurückweisung seiner konsequenten Abwehrdeutungen mit der Forderung nach einer anderen Art der Reaktion beantwortete. Er illustrierte dies mit einem dramatischen Beispiel aus der Analyse von Fräulein F., die – wie Sie mittlerweile wissen –»eine ganz bestimmte Reaktion auf ihre Äußerungen erwartete und jede andere vollkommen zurückwies« (Kohut [1971] 1973, S. 323). Sie wollte ihre eigene Mitteilung aus dem Mund ihres Analytikers hören und ihre eigenen Entdeckungen durch ihn widergespiegelt sehen – und sonst nichts. Wenn Kohut versuchte, etwas von seinen eigenen Ideen über die Bedeutung dieser Widerspiegelungen einzubringen, wurde Fräulein F. wütend auf ihn. Wann immer Kohut ihr Verhalten und ihre Mitteilungen als Zurückweichen vor den ödipalen Gefühlen und Ängsten deutete, die sie ihm gegenüber empfand,»bekam sie wieder einen heftigen Zorn (...) und beschuldigte mich wütend, mit schriller, gereizter Stimme, daß ich ihr den Boden wegziehe, daß ich (...) die Analyse kaputtmache« (ebd., S. 324). Es war Fräulein F.s »schrille, gereizte Stimme«, die Kohut (zum ersten Mal) an die Möglichkeit denken ließ, daß Fräulein F.s Behauptungen richtig sein könnten und ihr Bedürfnis nach einer bestimmten Reaktion möglicherweise kein »regressives Ausweichen« vor der Übertragung darstellte, sondern *selbst bereits die Übertragung* war.

Das bedeutete eine neue Art des Zuhörens: kein Hören auf das, was verborgen war oder Anlaß zu Ausflüchten gab, kein Hören auf das, was Fräulein F. zu meiden versuchte, sondern ein Hören auf das, was sich nun als Versuch erwies, einen zuvor ohne Resonanz gebliebenen Selbstzustand wiederherzustellen, um ein nicht realisiertes Wachstumsbedürfnis wiederzubeleben. Mit anderen Worten: Diese klinische Erfahrung (und andere, ähnliche) veranlaßte Kohut zu der

ersten grundlegenden methodologischen Veränderung: der empathischen Form des Zuhörens, die all seinen Modifizierungen des
klassischen Paradigmas zugrunde liegt. Nicht nur lernte er, daß wir
uns die Perspektive unserer Patienten zu eigen machen müssen,
wenn wir ihnen zuhören, sondern daß wir dabei konsequent und
prolongiert in ihre Erfahrungen eintauchen müssen. Der empathische Kontakt zu einzelnen Affekten reicht nicht aus. Sich »in das
Leben eines anderen einzufühlen und hineinzudenken« ist nach
Kohuts Verständnis ein Sine qua non der analytischen Arbeit. Unter
diesem Blickwinkel erscheint alles, was wir beobachten, anders –
Beobachtungsmethode und –daten hängen unauflöslich zusammen
–, und diesen anderen Blick auf die innere Welt hat Kohut in seinem
Modell der Selbstpsychologie beschrieben.

Ich habe diese vertrauten Fakten hier noch einmal erwähnt, um zu
betonen, daß sie die empirischen Wurzeln der Selbstobjekt-Übertragungen darstellen. Statt ihre unterschiedlichen Manifestationen zu
beschreiben, die Ihnen nicht nur bekannt sind, sondern darüber
hinaus auch die Grundlage der klinischen Arbeit vieler hier Anwe-
sender bilden, möchte ich mich nun ihren allgemeineren klinischen
und theoretischen Implikationen zuwenden und dabei besonders die
Unterschiede zu ihren klassischen Vorläufern herausarbeiten.

Kohut (1971) verstand die Selbstobjekt-Übertragungen als »Fort-
setzung der frühen Realität« – eine Folge traumatischer, gelebter
Erfahrungen. Innerhalb dieser Übertragungen kann an Entwick-
lungsarretierungen oder -entgleisungen wiederangeknüpft werden,
so daß nachträgliche Reifung und Entwicklung möglich werden – und
ebendiese Bedürfnisse und Wünsche verlangen im realen Leben
beständig und häufig vergebens nach Aufmerksamkeit. Kohut
erkannte, daß solche Bedürfnisse, Wünsche und Phantasien streng
genommen keine »echten« Übertragungen darstellten, da sie nicht
aus dem Bereich jenseits der Verdrängungsschranke stammten.
Deshalb bezeichnete er sie als »übertragungsähnliche« Erfahrungen
– übertragungsähnlich in dem Sinn, daß ihre klinische und theoretische Position in der Selbstpsychologie die gleiche war wie die der
klassischen Übertragung im traditionellen analytischen Ansatz.
Dieser allerdings legt die Betonung auf das Vermeiden von Reifung

und Entwicklung, auf den ungelösten Ödipuskomplex (somit auf das Festhalten an früheren Libidopositionen), während die Betonung in der Selbstpsychologie eindeutig auf der Suche des Patienten nach Vollendung einer zuvor abgebrochenen Entwicklung liegt.

Dies wird nirgendwo überzeugender demonstriert als in der Arbeit »Die zwei Analysen von Herrn Z.« (Kohut 1977). In der ersten Analyse war Kohut der Meinung, daß die ödipale, durch einen praktisch abwesenden Vater noch verstärkte Verschmelzung des Patienten mit seiner Mutter den Kern der Psychopathologie bilde. Wiederholt konfrontierte Kohut Herrn Z. mit seiner regressiven Mutterbindung »als libidinöse(m) Band (...) das zu brechen er nicht willens war« (Kohut [1977] 1979, S. 190). Und er konzentrierte sich auf Herrn Z.s mangelnde Bereitschaft, »seine narzißtischen Forderungen auf(zu)geben und erwachsen (zu) werden« (ebd., S. 189).

In der zweiten Analyse wurde die gleiche Erfahrung in einem ganz anderen Licht betrachtet. Kohut selbst beschreibt dies mit folgenden Worten:

> »Und wenn wir jetzt das Selbst des Patienten (...) betrachten, (...) nahmen wir nicht länger an, es wehre Veränderung ab oder widersetze sich der Reifung, da es seine kindlichen Befriedigungen nicht aufgeben wollte, sondern sahen es im Gegenteil verzweifelt – und oft hoffnungslos – kämpfen, um sich aus der Verstrickung mit dem schädlichen Selbstobjekt zu lösen, sich abzugrenzen, zu wachsen, unabhängig zu werden«. (ebd., S. 190)

Bereits diese Veränderung macht das entscheidende Charakteristikum des neuen Ansatzes deutlich. Und Kohut formuliert seine Erkenntnis hier in der 1. Person Plural, als Gemeinschaftsleistung, zu der er mit seinem Patienten gelangte, und in deutlichem Unterschied zu seinem Vorgehen in der ersten Analyse, in der er *seine* Überlegungen aussprach und sogar ausgesprochen hartnäckig weiterverfolgte.

Die zweite Analyse begann mit Herrn Z.s vorübergehender Idealisierung seines Analytikers. Kohuts entsprechender Hinweis ist interessant und läßt bereits mehr von seinen sich entwickelnden neuen Überlegungen ahnen: »In Übereinstimmung mit meinen neu gewonnenen Einsichten (...) griff ich in die Entfaltung der Idealisierung meiner Person durch den Patienten nicht ein«, heißt es (ebd., S. 188). Diese Worte zeigen, daß er die gegenüber dem Analytiker auftauchenden Gefühle nun als Manifestation der Übertragung, nicht als gegen sie gerichtete Abwehr versteht. Eine solche akzeptierende Haltung führt zu einem andersartigen Deutungsprozeß, weil nämlich der Analytiker angehalten ist, Ursprung und Funktion der Übertragung zu erforschen, statt in dem Versuch, falsche Wahrnehmung und Entstellungen zu korrigieren, auf ihre Unangemessenheit und ihren anachronistischen Charakter hinzuweisen.

Im vorliegenden Fall verschwand die Idealisierung rasch und wurde durch eine Haltung ersetzt, die Kohut folgendermaßen beschreibt: Herr Z. wurde »selbstbezogen, fordernd, bestand auf vollkommener Empathie und neigte dazu, mit Wut zu reagieren, wenn ich nicht vollständig auf seine psychologischen Zustände eingestimmt war oder seine Mitteilungen im geringsten mißverstand« (ebd., S. 188). So verwandelte sich die anfängliche, kurzzeitige Idealisierung in eine lärmende Spiegelübertragung. Auch sie wurde von Kohut akzeptiert, und diese Akzeptanz sowie seine Fähigkeit, das Verhalten innerhalb der Übertragung zu verstehen, ermöglichten es ihm, Entwicklung, Psychopathologie und psychoanalytische Behandlung in ein radikal anderes Licht zu rücken.

Ein weiteres zentrales Charakteristikum der Selbstobjekt-Übertragungen besteht darin, daß in ihnen die äußere Realität in der inneren Welt des Patienten enthalten ist, da der Begriff, ein umständlicher, aber klinisch und theoretisch reicher Neologismus – klar wiedergibt, wie der Patient den Analytiker erlebt, nämlich als Repräsentanten der äußeren Welt. Selbstobjekt bezieht sich auf »das Objekt des Selbst«, auf das Objekt, wie es in der Perspektive des Selbst wahrgenommen wird (P. H. Ornstein 1991).

Ich halte nach wie vor an der Überlegung fest, daß diese grundlegenden Veränderungen, die Kohut an seiner Vorgehensweise vornahm, dauerhafter gewesen sind – und sein werden – als der spezifische Inhalt seiner Formulierungen, da sie sich ausnahmslos aus der Methode der empathischen Beobachtung herleiten. Kohut selbst deutete dies in einer höchst beachtenswerten Überlegung im »Nachwort« zu seinem Buch *Die Heilung des Selbst* (1977) bereits an. Er schrieb:

»(...) ich kann mir außerdem zwar nicht vorstellen, wie die Analyse heute ohne die beiden Begriffe – Übertragung und Widerstand – auskommen könnte (...) würde aber dennoch darauf beharren, daß irgendeine zukünftige Generation von Psychoanalytikern psychologische Bereiche entdecken könnte, die einen neuartigen begrifflichen Ansatz erfordern könnten – Bereiche, wo diese beiden jetzt universell anwendbaren Begriffe selbst auf therapeutischem Gebiet irrelevant geworden sind«. (ebd., S. 297)

Sie wissen natürlich, daß Kohut selbst die Bedeutung von »Widerstand« in Wie heilt die Psychoanalyse? neu interpretiert hat, um mit dem Begriff die Angst vor einer Retraumatisierung zu kennzeichnen, nicht aber eine Weigerung, gesund zu werden.

Statt nun weitere theoretische Erläuterungen zu den Selbstobjekt-Übertragungen anzufügen, die über Kohuts Illustration ihrer Rolle in der Analyse von Herrn Z. hinausgingen, möchte ich eine eigene klinische Vignette vorstellen, welche die ungeschmälert zentrale Bedeutung von Empathie und Selbstobjekt-Übertragungen sowie die Tiefe der subjektiven Erfahrung veranschaulicht, die durch einen solchen Fokus zugänglich wird.

Die heutige klinische und theoretische Position der Selbstobjekt-Übertragungen

Der Patient, Herr K., begann seine Sitzungen häufig mit der Erklärung, seine Stimme sei nicht seine wahre Stimme; er selbst befinde sich unsichtbar und in vollständigem Schweigen in seinem Innern. Er sei abgekoppelt von seinem eigenen inneren Erleben wie auch von mir – er befinde sich in seinem »autistischen Versteck«. Wir erfuhren nach und nach, daß er unter solchen Umständen aufmerksam auf den Ton meiner Stimme lauschte, um Akzeptanz aus ihr herauszuhören und die Einladung, aus seinem Versteck aufzutauchen. Der Klang meiner Stimme sagte ihm, ob ich mich akzeptierend und »einladend« verhielt und er sein Versteck gefahrlos verlassen konnte oder nicht. Er fürchtete sich vor der Möglichkeit, nicht als derjenige, der er war, gesehen, wahrgenommen und anerkannt zu werden. Fortwährend suchte er nach Hinweisen, die ihm verrieten, ob ich seine subjektiven Erfahrungen akzeptierte oder nicht – was bedeutete, daß ich ihn selbst akzeptierte oder nicht. Er konnte sein autistisches Versteck nur dann verlassen, wenn er das Gefühl hatte, daß ich mich in einer Haltung uneingeschränkter Akzeptanz an sein inneres Selbst wandte; ohne ihn in Frage zu stellen oder ein feindseliges Klima zu schaffen, indem ich direkt oder indirekt einer anderen Meinung Ausdruck gab. Dann konnte unsere Interaktion bewirken, daß er in der Sitzung auftauchte und eine gewisse emotionale Verbindung zu mir herstellte – die immer partiell blieb, weil er grundsätzlich sehr vorsichtig und jederzeit bereit war, sich bei der leisesten Verletzung wieder zurückzuziehen. Es gab vielfältige solcher Verletzungen, und häufig waren sie so geringfügig, daß ich sie erst bemerkte, wenn er entsprechend reagierte. Am häufigsten fühlte er sich verletzt, wenn er den Eindruck hatte, daß ich mit meinem rationalen, erwachsenen Selbst zu seinem rationalen, erwachsenen Selbst sprach. Dadurch zerstörte ich unabsichtlich (oder, wie er oft vermutete, absichtlich) seine subjektiven Erfahrungen – sein verletzliches, authentisches Selbst. Ich löschte ihn, wie er sagte, vollständig aus, nicht anders als es seine Eltern getan hatten, die ihn niemals so, wie er war, sahen oder akzeptierten.

Ich möchte mich auf eine bestimmte Episode konzentrieren, weil Herr K. bei dieser Gelegenheit die Bedeutung und die Konsequenzen seines inneren Schweigens und die Auslöser, die ihm vorangingen, deutlicher formulieren konnte. In seiner Freitagsstunde sprach er davon, wie ungeheuer verletzbar er sei, wenn er schrittweise den Übergang von Unverbundenheit zu Verbundenheit bewältigen solle. Solange es keine Verbindung gibt, fühlt er sich sicher und unverletzlich. Er muß es zulassen, verletzbar zu sein, und wenn ihm dies gelingt, ist er auf meine akzeptierende Gegenwart noch stärker angewiesen als sonst. Wenn ich ihn jedoch in diesen Augenblicken im Stich lasse, kann er zu sich selbst oder zu mir keine Verbindung herstellen. Er ist gezwungen, in seinem autistischen Versteck zu verharren.

Zu Beginn der Montagsstunde, die ich beschreiben möchte, sagte er, daß er nach der Sitzung am Freitag plötzlich mehr über seine Schweigephasen verstanden habe als sonst. Sein lebenslanges Entfremdungsgefühl, so sagte er, beschreibe die Beweggründe dieses Schweigens. In einem Woody-Allen-Film liegt Annie Hall im Bett, während ihr inneres Selbst ihren Körper verlassen hat und auf der Fensterbank sitzt. Herr K. hatte das Gefühl, daß dieses Bild die Art und Weise widerspiegele, wie er zwischen seinem leeren erwachsenen Selbst und seinem authentischen inneren Selbst gespalten sei – als ob letzteres seinen Körper verlassen habe. Er verstand nun besser, weshalb er am Freitag dieses Entfremdungsgefühl bekommen hatte, das auch nach wie vor anhielt. »Ich habe mich von Ihnen nicht angesprochen gefühlt«, sagte er. »Sie haben *über* mich gesprochen und nicht *zu* mir.[11] Auf diese Weise kann ich keinen Kontakt zu Ihnen herstellen – nur wenn Sie zu mir sprechen, zu meinen inneren Gefühlen. Ich schaffe diesen Übergang nicht, ich ertrage es nicht, daß auf diese Weise über mich gesprochen wird. Ich finde den Weg (zu mir selbst und zu Ihnen) nicht und bleibe entfremdet.«

Er wollte wissen, ob ich ihn verstanden hatte oder nicht, und ich spiegelte ihm das, was ich verstanden hatte, zurück, damit er selbst entscheiden konnte, ob ich es begriffen hatte. Er schien zufrieden und hatte offenbar den dringenden Wunsch, mehr zu sagen. Ich unterbrach ihn nicht. Er fuhr fort: »Wenn Sie etwas erläutern, aber nur über mich sprechen, fahren Sie keine Zugbrücke für mich aus. Es bewirkt nur, daß meine chronische Polarisierung bestehen bleibt. So fehlt mir die Zugbrücke, über die ich eine Verbindung herstellen könnte.« Er erläuterte näher, wonach er suchte: »Ich muß spüren, daß Sie mich wahrnehmen. Wenn ich in Ihnen keine Resonanz finde oder Sie mein authentisches Selbst nicht wahrnehmen, wenn ich nicht merke, daß es mich so, wie Sie zu mir sprechen, gibt, dann bin ich hier nicht anwesend. Ich verweigere meine Anwesenheit. Wenn ich in Schweigen und Distanz verharre, warte ich auf diese Resonanz oder authentische Reaktion von Ihnen.« Im weiteren Verlauf zeigte sich, daß er von mir so wahrgenommen werden wollte, wie er sich in seiner Distanziertheit erlebte. In dieser Distanziertheit ist er für sich selbst real, und er sucht nach einem Widerhall seines realen Selbst. Wenn er im Moment seiner größten Verletzlichkeit diese Resonanz erleben könnte, dann könnte er, wie er meint, seine lebenslange Entfremdung aufheben. Er könnte die ursprüngliche Situation, von seinen Eltern nicht so, wie er war, gesehen und anerkannt zu werden, ungeschehen machen. »Der Tonfall und die innere Richtung, aus der Sie sprechen, haben wesentlich mehr Einfluß als das, was Sie sagen. Wenn Sie aus

Ihrer Realität heraus sprechen, werden meine subjektiven Gefühle angegriffen – dann bin ich von Ihnen entfremdet.«

Das kontinuierliche empathische Eintauchen und dessen wiederholtes, unvermeidbares Scheitern und seine Wiederherstellung ermöglichen einen solchen tiefen Dialog, wie ihn Herr K. in der Phase vor Beendigung seiner Analyse entwickeln konnte.

Ich hoffe, mit dieser Vignette meine Position des Zuhörens und meine klinische Haltung illustriert zu haben. In zwei Bereichen achtete ich sehr aufmerksam auf Aspekte von Herrn K.s Erleben: 1. auf seine spezifischen Verletzlichkeiten, die seine massiven, chronischen, selbstschützenden Abwehrmechanismen gegen eine Retraumatisierung aktivierten; und 2. auf seine ebenso hartnäckigen Versuche, eine andere Art der Responsivität zu finden, seine Versuche, in seinem dysfunktionalen Leben zu einer »Wiederherstellung« zu gelangen. Er konnte auf ungewöhnlich anschauliche und eindringliche Weise beschreiben, was er erlebte, und seine eigene »erfahrungsnahe Theorie« formulieren, die ich mit ihm teilen und gemeinsam mit ihm ausarbeiten konnte. Noch hinter seiner tiefsten Verzweiflung konnte ich seine ungetilgte Hoffnung und seine (manchmal verborgenen) Versuche wahrnehmen, Kontakt zu finden – nicht ohne häufige Unterbrechungen und mühevolle Wiederherstellungsbemühungen. Ich lernte zu akzeptieren, was er gemeinsam mit mir erleben mußte, sobald ich den Unterschied zwischen »Triebbefriedigung« und dem Bedürfnis nach einer »Selbstobjekt-Erfahrung« verstanden hatte. Da er so bewundernswert zu formulieren vermochte, konnte er mir von seinen tiefsten subjektiven Erfahrungen berichten, die andere Patienten nicht so klar schildern können. Er lehrte mich, ihn zu analysieren, und ich konnte das, was er meinte, am besten mit Hilfe des Konzeptes der Selbstobjekt-Übertragungen verstehen. Dies machte es für mich einfacher – auch wenn es mir nicht immer gelang –, seine Bedürfnisse und Forderungen in der Gegenübertragung nicht als Teil seiner omnipotenten Kontrolle über mich zu verstehen, sondern sie konsequent als seine in der Übertragung wieder in ihr Recht eingesetzten Bedürfnisse und legitimen Forderungen zu betrachten.

Übersetzung: Elisabeth Vorspohl

Anmerkungen

1 Schwaber (1985) hat die Übertragung als »machtvolles Konzept« beschrieben, in dem »die Vergangenheit in der Gegenwart verborgen ist« – mit der gleichen Berechtigung könnten wir jedoch auch sagen, daß in der Übertragung *die Vergangenheit in der Gegenwart Ausdruck finde.* Schwaber betont zu Recht, daß die Übertragung »die unverwechselbare Art und Weise« offenbare, »wie jemand einen anderen erlebt und wahrnimmt«, und »das Feld der psychoanalytischen Untersuchung: die psychische Realität, definiert« – oder, wie wir vielleicht lieber sagen, die subjektive Realität des Patienten.

2 Freud führte den Begriff »Übertragung« tatsächlich (in etwas anderem Sinn) bereits in den *Studien über Hysterie* ein (Breuer und Freud 1895), definierte ihn metapsychologisch im Jahre 1900, klinisch 1905, und setzte sich mit seiner klinischen Bedeutung und Verwendung wiederholt 1912, 1916-17 und schließlich 1937 auseinander.

3 In diesem Zusammenhang ist Freuds folgende Bemerkung von Interesse: »Ursprünglich haben wir nur Sexualobjekte gekannt; die Psychoanalyse zeigt uns, daß die bloß geschätzten oder verehrten Personen unserer Realität für das Unbewußte in uns immer noch Sexualobjekte sein können« (1912, S. 371).

4 In seinem 1937 publizierten Beitrag »Die endliche und die unendliche Analyse« beschrieb Freud die Komplexitäten und Schwierigkeiten ausführlich und erklärte sie, indem er auf ihren zugrundeliegenden physiologischen und biologischen Charakter hinwies, der ihre Empfänglichkeit für eine psychologische Beeinflussung schmälert.

5 Obwohl die Übertragung in jener Untersuchung nicht den expliziten Gegenstand der Dekonstruktion bildet, ist das klinische Material, das meiner Meinung nach das Fehlen einer empirischen Rechtfertigung des klinischen Konzeptes illustriert, leicht erkennbar.

6 Ich habe sämtliche damals verfügbaren Kritiken in meinem umfangreichen Aufsatz mit dem Titel »Did Freud Understand Dora?« kritisch gesichtet.

7 Siehe zum Beispiel Fenichel 1939, Bergmann und Hartmann 1976, Greenson 1967, Wolman 1967, Leites 1979, Orr 1954, Weinshel 1971, um nur einige zu nennen.

8 Ein Zeichen für diese Lockerung ist die zunehmend akzeptierende Haltung gegenüber der Verwendung des manifesten Trauminhalts. Die Behauptung, daß die Selbstpsychologie unbewußtes Erleben bagatellisiere, ist somit zwar richtig, stellt aber zugleich eine ungerechtfertigte Beschuldigung dar – die Lockerung läßt sich nämlich bereits vor Kohut beobachten.

9 In diesem Zusammenhang ist eine Erkenntnis bemerkenswert, die M. Gill, einst ein gewichtiger Kritiker der Selbstpsychologie, öffentlich formulierte: Traditionell bestand das Ziel der Analytiker darin, ödipale Wünsche ihrer Patienten in der Übertragung wiederzubeleben, nur um sie dann sogleich als infantil und anachronistisch zu deuten. So wurde ein adversatives Klima erzeugt. Die Selbstpsychologen hingegen hoffen, die an ihrer Realisierung gehinderten Entwicklungsbedürfnisse ihrer Patienten in den Selbstobjektübertragungen zu reaktivieren und begrüßen sie als Sine qua non – so wird ein akzeptierendes, kooperatives Klima erzeugt.

10 Eine Ausnahme bildet hier die von Roy Schafer (1976) seit langem vertretene Empfehlung, daß wir den Begriff Widerstand – und auch den gleichermaßen fragwürdigen Begriff der »negativen therapeutischen Reaktion« – ganz und gar aus unserem Vokabular streichen und die Notwendigkeit anerkennen sollten, die Ursache und Bedeutung der sogenannten »Oppositionshaltung« des Patienten zu ergründen.

11 Dies erinnert an Kohuts Deutung von Kafkas Gregor Samsa, der sich in einen Käfer verwandelt, nachdem er gehört hat, wie seine Eltern im Nebenzimmer in der dritten Person *über* ihn sprachen, und er sich depersonalisiert fühlte, weil sie nicht direkt mit ihm sprachen. Die Folge war, daß er sich in ein Insekt verwandelte (Kohut [1977] 1979, S. 280).

Literatur

Bergmann, M. S., und Hartmann, F. (Hg.) (1976): The Evolution of Psychoanalytic Technique. New York (Basic Books).
Breuer, J., und S. Freud (1895): Studien über Hysterie, Repr. Frankfurt am Main (Fischer) 1995.
Calef, V. (1971): Current concepts of transference neurosis: Introduction. JAPA 19: S. 22-25.
Calef, V. (1971): Current concepts of transference neurosis: Concluding remarks. JAPA 19: S. 89-97.
Fenichel, O. (1941): Problems of Psychoanalytic Technique. Albany, N.Y. (Psychoanal. Quart., Inc.).
Freud, S. (1900): Die Traumdeutung. G.W., Bd. 2/3.
Freud, S. (1905): Bruchstück einer Hysterie-Analyse. G.W., Bd. 5, S. 161-286.
Freud, S. (1912): Zur Dynamik der Übertragung. G.W., Bd. 8, S. 364-374.
Freud, S. (1916-17): Vorlesungen zur Einführung in die Psychoanalyse. G.W., Bd. 11.
Freud, S. (1937): Die endliche und die unendliche Analyse. G.W., Bd. 16, S. 59-99.
Greenson, R. R. (1967): Technik und Praxis der Psychoanalyse. Bd. 1. Stuttgart (Klett-Cotta) 1973.
Kohut, H. (1951): The function of the analyst in the therapeutic process – discussion. In: The Search for the Self, hg. und eingel. Von P. H. Ornstein. Bd. 1. New York (IUP) 1978, S. 159-166.
Kohut, H. (1971): Narziβmus. Eine Theorie der psychoanalytischen Behandlung narziβtischer Persönlichkeitsstörungen. Frankfurt am Main (Suhrkamp) 1973.
Kohut, H. (1977): Die Heilung des Selbst. Frankfurt am Main (Suhrkamp) 1979.
Kohut, H. (1984): Wie heilt die Psychoanalyse? Frankfurt am Main (Suhrkamp) 1987.
Leites, N. (1979): Interpreting Transference. New York (W.W. Norton).
Ornstein, P. H. (1985): The thwarted need to grow: clinical theoretical issues in the selfobject transferences. In: The Transference in Psychotherapy: Clinical Management, hg. von E. Albrecht Schwaber. New York (IUP), S. 33-49.
Ornstein, P. H. (1991): Why Self Psychology is not an object relations theory: clinical and theoretical considerations. In: Progress in Self Psychology, hg. von A. Goldberg. Bd. 7. Hillsdale, NJ (Analytic Press), S. 17-29.
Ornstein, P. H. (1993): Did Freud understand Dora? In: Freud's Case Studies: Self Psychological Perspectives. Hillsdale, NJ (Analytic Press), S. 31-85.
Orr, D. (1954): Transference and countertransference: a historical survey. JAPA 2: S. 631-670.
Sand, R. (1983) : Confirmation in the Dora case. Int. Rev. Psan. 10: S. 333-357.
Schafer, R. (1976): Eine neue Sprache für die Psychoanalyse. Stuttgart (Klett-Cotta) 1982.
Schwaber, E. (1985): »Introduction« (Chapt. 1) und »Concluding Remarks« (Chapt. 11), in: The Transference in Psychotherapy: Clinical Management. New York (IUP), S. 1-10, 169-176.
Weinshel, E. M. (1971): The transference neurosis: a survey of the literature. JAPA 19: S. 67-88.
Wolman, B. B. (Hg.) (1967): Psychoanalytic Techniques – A Handbook for the Practicing Psychoanalyst. New York (Basic Books).

Bewußtes und Unbewußtes in der Gegenübertragung

Anna Ornstein

Einleitung und Überblick über die wesentlichen Beiträge in der Literatur

Das Konzept der »Gegenübertragung« hat in der Geschichte der Psychoanalyse eine wechselvolle Geschichte. Im Gegensatz zu den sich immer wieder ändernden Ansichten über die Übertragung und andere für die Psychoanalyse grundlegende Konzepte verlangte die genaue Erforschung dieses klinischen Phänomens, daß die Analytiker ihre eigene innere Welt gegenüber den kritischen Augen ihrer Kollegen offenlegten. Deshalb blieb die Diskussion dieses Themas im großen und ganzen theoretisch und praxisfern. Statt ihre Gefühle, mit denen sie auf die Übertragungen des Patienten reagierten, glaubwürdig zu beschreiben, zogen die Analytiker es vor, die ideale Haltung gegenüber den Übertragungen des Patienten darzulegen. Kohut bemerkte in einer Fußnote in »Die Heilung des Selbst« (1977, dt. 1979), er glaube, daß die Empfindlichkeit der Analytikerin[1] bezüglich

»einer angemessenen therapeutischen Haltung (...) nicht so sehr auf Abwehr gegen die Enthüllung verborgener Gegenübertragungen zurückzuführen (ist), sondern eher ein Abkömmling unserer Neigung ist, unsere therapeutische Aktivität, unseren individuellen Stil, das Können, das wir erreicht haben, narzißtisch zu bewerten.« (S. 255)

Mit anderen Worten sprach die Analytikerin über ihre Gegenübertragungsprobleme, so bedeutete das, zuzugeben, daß es ihr an Professionalität mangelte, oder daß sie nicht gründlich genug analysiert wurde.

Ich finde die Entscheidung der Organisatoren dieses Kongresses richtig, daß es gerade wegen der rapiden Veränderungen in unseren

Konzeptualisierungen der verschiedenen Aspekte des analytischen Prozesses wichtig ist, die Bedeutung, die Übertragung und Gegenübertragung in unserem aktuellen analytischen Diskurs haben, von Zeit zu Zeit neu zu überdenken. Da das Konzept der Gegenübertragung eng mit dem der Übertragung zusammenhängt, muß die Übertragung in die Überlegungen mit einbezogen werden.

Die Gegenübertragung wurde zunächst als ein Hindernis für den analytischen Prozeß betrachtet (Sigmund Freud, Charles Brenner, Jacob Arlow, Heinz Kohut) und erst nach und nach als ein wichtiger Hinweis für den Analytiker auf die Affekte und Konflikte des Patienten verstanden. Diese Sicht wurde vor allem von der »Britischen Schule« (Melanie Klein, Paula Heimann, Betty Joseph, Pearl King) vertreten. Ihrer Ansicht nach müssen Analytikerinnen, wenn sie bei sich unangenehme Affekte wie Feindseligkeit wahrnehmen, in Betracht ziehen, daß dies Affekte sein können, die ihre Patienten in sich entweder verleugnet oder verdrängt und auf die Analytikerin projiziert haben. Das Konzept der projektiven Identifikation sollte der Analytikerin dabei helfen, die Gegenübertragung als einen Indikator für die unerträglichen Affekte und Impulse des Patienten zu verstehen.

In den 80er und 90er Jahren) wurde dieses Konzept (der Gegenübertragung) als Ganzes in Frage gestellt. Die jüngsten Einwände wurden von Analytikern wie Thomas Ogden, Jessica Benjamin, Irwin Hoffmann und Lewis Aron erhoben, die den analytischen Prozeß strikt unter intersubjektiven Begriffen sehen. Aus dieser Perspektive könnte sich potentiell weniger die »Gegenübertragung« der Analytikerin, sondern vielmehr ihre Subjektivität störend auf den Verlauf einer Analyse auswirken. Diese Autoren führen an, daß die Subjektivität der Analytikerin in mehr oder weniger gleichem Ausmaß am Behandlungsprozeß beteiligt ist wie die des Patienten. Da aber Subjektivität nicht nur aus bewußten, sondern auch unbewußten Motivationen besteht, halten sie die Vorstellung von einer gut analysierten Analytikerin, die sich von ihrer Subjektivität dezentrieren kann, für einen Mythos. Aus einer intersubjektiven Perspektive müssen wir auch die Tatsache zur Kenntnis nehmen, daß nicht nur die Analytikerin bemüht ist, die unbewußte Motivation des Patienten zu erkennen, sondern daß auch der Patient seinerseits versucht,

»zwischen den Zeilen zu lesen«, daß auch er versucht, herauszufinden, welche die »wirklichen Motive« der Analytikerin sein könnten. Vielleicht denken viele, daß Lewis Aron (1992, 1996) mit seiner Empfehlung zu weit geht, die Analytikerin solle den Patienten dazu ermutigen, seine Wahrnehmungen über die möglichen Motive der Analytikerin auszusprechen. Eines meiner klinischen Beispiele wird deutlich machen, daß die Patienten tatsächlich sehr hilfreich sein können, wenn sie unsere Aufmerksamkeit auf die Manifestationen unbewußter Gegenübertragungsprozesse lenken.

Sollte es wirklich unmöglich sein, von der eigenen Subjektivität zu dezentrieren (wenigstens theoretisch), so würde das die Perspektive des empathischen Zuhörens ernsthaft in Frage stellen. Da Empathie in der Selbstpsychologie von zentraler Bedeutung ist, muß dieses Problem deutlich angesprochen werden. Wir müssen in der Lage sein, folgende Fragen zu beantworten: 1. Kann die Gegenübertragung von der Subjektivität der Analytikerin getrennt werden? Und 2., in welchem Ausmaß und auf welche Weise können wir unsere unbewußten Gegenübertragungsaffekte erkennen?

In der sich ständig verändernden Landschaft der psychoanalytischen Theorie ist es nicht einfach, eine Antwort auf unser theoretisches und klinisches Dilemma zu finden. Ich versuche hier meine persönlichen Gedanken darüber zu formulieren, welchen Stellenwert die Gegenübertragung in der Selbstpsychologie hat. Deshalb bitte ich Sie, meine Ausführungen als einen Versuch zu verstehen, die neuesten Vorstellungen darüber, in welchem Ausmaß die Subjektivität der Analytikerin am Behandlungsprozeß beteiligt ist, in Einklang zu bringen mit unserer Ansicht über die zentrale Stellung der Empathie und der Natur der Selbstobjektübertragungen. Auf diesem Hintergrund habe ich meinen Vortrag in drei Teile gegliedert: Ich werde 1. die Art und Weise untersuchen, in der die Selbstobjektübertragungen die Haltung und die Gegenübertragungsreaktionen der Analytikerinnen beeinflußen, 2. die Beziehung zwischen Empathie und Gegenübertragung diskutieren und schließlich 3. zwei klinische Beispiele schildern. Im ersten Fall reagierte ich auf die Worte einer Patientin mit heftigsten Gefühlen. Es handelte sich um eine vorübergehende Reaktion, die wegen ihrer Intensität leicht zu erkennen war. Im zweiten Fall war mir meine Gegenübertragung relativ lange nicht bewußt, was meine Fähigkeit ernsthaft behinderte, mit den Übertragungserwartungen der Patientin und ihrem Erleben von mir in empathischen Kontakt zu kommen.

Im Gegensatz zu der üblichen Ansicht, daß es klinisch unerheblich sei, die Gegenübertragung von anderen Aspekten der Subjektivität der Analytikerin abzugrenzen, vertrete ich die Meinung, daß, wird dem Begriff (Gegenübertragung) seine ursprüngliche Bedeutung genommen (d. h. die Reaktionen der Analytikerin auf die Übertragungen des Patienten), die Analytikerin der Möglichkeit beraubt wird, die jeweils besondere Art und Weise zu erkennen, in welcher Wesenszüge des Patienten Aspekte der eigenen Persönlichkeit wachrufen. Es liegt im Wesen der analytischen Begegnung, daß Analytikerinnen hier die beste Gelegenheit haben, etwas über die Aspekte ihrer Persönlichkeit zu erfahren, die sonst unerkannt bleiben würden. Ob Analytikerinnen allerdings tatsächlich von dieser größeren Selbstwahrnehmung profitieren und von ihrer eigenen Subjektivität dezentrieren können, hängt von ihrer Fähigkeit ab, sich ihre Gegenübertragung bewußt zu machen. Unsere Patienten bieten uns die besten Spiegel, wenn wir es nur wagen, in sie hineinzuschauen.

Gegenübertragung und die Selbstobjektübertragungen

Eine der Fragen, die wir uns in der Selbstpsychologie stellen müssen, ist die folgende: In welcher Weise hat Kohuts Erkenntnis über die Selbstobjektübertragungen, die eine drastische Abkehr von der Freudschen Definition der Übertragung bedeutete, unsere Einschätzung der Gegenübertragung beeinflußt?

Freud formulierte 1900 in der »Traumdeutung« die Metapsychologie der Übertragung zusammen mit weiteren, grundlegenden Konzepten der Psychoanalyse, wie das dynamische Unbewußte, die Regression und die Fixierungspunkte. In diesem Zusammenhang beschrieb Freud die Übertragung als ein Phänomen, das dann eintritt, wenn traumatisch frustrierte und deshalb verdrängte unbewußte Wünsche aus der Kindheit über eine geschwächte Verdrängungsbarriere übertragen werden und mit einer vorbewußt registrierten Erfahrung, dem Tagesrest, verschmelzen. Nach dieser Definition wird die Vergangenheit, insbesondere die traumatische Vergangenheit, in einem Symptom, einem Traum oder einem Versprecher repräsentiert. Nach dieser Definition ist die Übertragung auf den Analytiker nichts weiter als eine Manifestation dieses allgemeinen psychologischen Phänomens.

Schon lange bevor die Selbstpsychologie die duale Triebtheorie aufgab, und damit auch die Vorstellung, daß die »Fixierungen« der Libido letztlich für das Entstehen der Psychopathologie verantwortlich sind, hatten Analytikerinnen die Definition der Übertragung nach Freud für »in erbärmlicher Weise unzureichend« empfunden; sie beschrieben das Phänomen als »die gesamte Skala unbewußter Wünsche im Zusammenhang mit den verschiedensten Bedürfnissen, Gratifikationen und Abwehrmechanismen« (Sandler 1976). Nach dieser erweiterten Definition behielt Übertragung die Bedeutung, daß es sich um ein Phänomen handelt, bei dem Vergangenes in die Gegenwart einfließt. Dieser fundamentale Aspekt der Übertragung ging jedoch verloren, als das Konzept mehr und mehr benutzt wurde, um ausschließlich die Beziehung zwischen Patient und Therapeutin zu beschreiben. Da das Konzept »verwässert wurde«, indem es klinisch so gebraucht wurde (Übertragung gleich Beziehung zwischen Therapeutin und Patient), trat die Tatsache in den Hintergrund, daß die Beziehung zwischen Therapeutin und Patient, so einzigartig sie auch sein möge, nicht die einzige ist, die durch die Vergangenheit beeinflußt wird, also nicht die einzige Beziehung ist, die auf Übertragung basiert. Tatsächlich können andere Beziehungen des Patienten (zu Ehepartnern, Kindern, Eltern und Freunden) wesentlich mehr durch die Vergangenheit belastet sein als diejenige, die der Patient zu seiner Analytikerin hat. Das ist wichtig, denn die Gegenbertragungsreaktionen auf diese »außertherapeutischen« Übertragungen sind von ebenso großer Bedeutung wie diejenigen, die sich innerhalb der Beziehung zwischen Therapeutin und Patienten manifestieren.

Der wesentliche Unterschied zwischen Freuds und Kohuts Sicht der Übertragung, die die Reaktionen der Analytikerin (d. h. die

Gegenbertragung) beeinflußt, kann in zwei Punkten zusammengefaßt werden. Der eine ist, daß Selbstobjektübertragungen nicht verstanden werden als reaktivierte sexuelle und aggressive Triebimpulse, die schon in der Kindheit nicht akzeptiert wurden. Selbstobjektübertragungen repräsentieren vielmehr legitime Entwicklungsbedürfnisse, die in der Säuglingszeit und Kindheit traumatisch frustriert wurden. Der zweite ist, daß Selbstobjektübertragungen im Zusammenhang mit vereitelten Entwicklungsbedürfnissen auftauchen und deshalb nicht nur eine Wiederholung einer traumatischen Vergangenheit darstellen, sondern auch die Möglichkeit bieten, die Entwicklung an dem Punkt wiederaufzunehmen, an dem sie unterbrochen wurde. Mit anderen Worten: der Patient erlebt die Analytikerin und ihre Reaktionen nicht nur als eine Wiederholung einer traumatischen Vergangenheit, sondern die Analytikerin und ihre empathischen Reaktionen können auch zu einer Quelle und Möglichkeit für einen Neuanfang werden. Wegen dieses Entwicklungsaspekts, ohne den Selbstobjektübertragungen nicht denkbar sind, ist es wichtig, die Veränderungen, die im Laufe der Behandlung stattfinden, zu erkennen und mit Hilfe von Deutungen zu validieren (A. Ornstein, 1990). Unterläßt man es, diese progressiven Schritte anzuerkennen und reagiert nur auf die Wiederholungsaspekte der Übertragung, so könnte dies auf eine bewußte innere Haltung in der Gegenübertragung hinweisen.[2]

Versteht die Analytikerin die in der Übertragung reaktivierten Wünsche aus der Kindheit als legitim, so beeinflußt dies ihre gesamte Einstellung, ihre Gegenübertragung und das Ambiente zwischen den beiden Beteiligten. Eine nichtwertende, bedingungslose Akzeptanz dessen, was der Patient in sich als »infantil« oder »krank« erlebt, ermöglicht eher ein freundliches und harmonisches Ambiente, als wenn die Übertragungen des Patienten für »unangemessen« und »unrealistisch« gehalten werden.

Kohut beschrieb einige charakteristische Reaktionen der Analytikerin auf die spezifische Natur von Selbstobjektübertragungen. Im Zusammenhang mit der Spiegelübertragung, bei der sich die Analytikerin so fühlen kann, als sei sie auf eine scheinbar passive Rolle als bloßer Spiegel für den infantilen Narzißmus des Patienten reduziert, besteht die Gefahr, daß sie »entweder subtil oder offen mittels grober

Fehl- und Symptomhandlungen oder durch rationalisiertes, theoretisch scheinbar abgesichertes Verhalten die Herstellung oder Aufrechterhaltung der Spiegelübertragung (stört)« (Kohut 1971 [dt. 1973], S. 309). Die Gegenübertragungsprobleme, die sich im Zusammenhang mit der primitiven Verschmelzungsübertragung einstellen, unterscheiden sich in gewisser Weise davon. Hier nimmt die Analytikerin aus Angst, daß sie in eine anonyme Existenz hineingezogen wird, leicht eine distanzierte Haltung ein und wird unfähig, in das innere Leben des Patienten einzutauchen. Bei der idealisierenden Übertragung kann der eigene Narzißmus der Analytikerin potentiell zu einem Hindernis werden, wenn dieser zu »einer Abwehrhaltung gegen bedrängende narzißtische Spannungen (die als Peinlichkeit, Schüchternheit und Scham wahrgenommen werden)« führt (ebd., S.298). Kohut beschrieb auch, daß die Häufigkeit, in der Analytikerinnen mit Langeweile reagieren, eine Reaktion darauf darstellt, daß der Patient ganz mit sich selbst beschäftigt ist, so daß ein echtes Interesse an der Person der Analytikerin fehlt.

Gegenübertragung und Empathie

Ich komme nun zu der Art und Weise, in der die Gegenübertragung die Empathie beeinflussen kann, d. h. die Fähigkeit der Analytikerin, in das innere Leben des Patienten einzutauchen. In »Wie heilt die Psychoanalyse?« (Kohut 1984 [dt. 1987]) hält Kohut die Gegenübertragung eindeutig für ein Hindernis bezüglich der Empathie. Er schrieb 1984:

»Wenn wir klar sehen wollen, müssen wir die Linsen unserer Vergrößerungsgläser sauber halten; wir müssen vor allem unsere Gegenübertragungen erkennen und damit den Einfluß von Faktoren minimieren, die unsere Wahrnehmung der Mitteilungen und der Persönlichkeit des Analysanden verzerren«. (S. 63ff)

Bei dieser Feststellung versäumte es Kohut, die Tatsache zu berücksichtigen, daß die Gegenübertragung ebenso wie die Übertragung unbewußt ist. Die Analytikerin kann sich nur bemühen, manchmal sehr subtile Verhaltensformen zu erkennen, die verdächtige Hinweise auf Gegenübertragungsreaktionen sein können. Gerade weil die Gegenübertragung unbewußt ist und schwer von der Subjektivität

47

der Analytikerin zu trennen, glauben heute viele Analytikerinnen, daß das Konzept keine klinische Bedeutung hat. Stattdessen hat sich die Aufmerksamkeit mehr auf Fragen verlagert wie jene, ob die Analytikerin die Ebene der Selbstreflexion erreicht hat, die es ihr ermöglicht, flexibel, empathisch und vor allem selbstreflektiv zu sein.

Nach Kohut setzten sich weitere Selbstpsychologen mit dem Verhältnis von Gegenübertragung und Empathie auseinander. E. S. Wolf (1983) vertritt die Meinung, daß die Gegenübertragung Empathie erleichtert, allerdings nur dann, wenn die Analytikerin sich den normalen »regressiven« Vorgängen in der eigenen psychischen Organisation nicht widersetzt. Wolf zufolge entstehen Hindernisse in der Gegenübertragung im Zusammenhang mit archaischen Selbstobjektbedürfnissen der Analytikerin gegenüber dem Patienten. Auch Analytikerinnen mit einem anderen theoretischen Hintergrund vertreten die Meinung, daß die Übertragung der Analytikerin hinderlich für den analytischen Prozeß werden kann. Mc Laughlin (1981) schlug deshalb vor, das Konzept der Gegenübertragung ganz aufzugeben. Letztendlich beruhten alle menschlichen Beziehungen auf Übertragungen, und die analytische bilde keine Ausnahme. Im Gegensatz zu vielen traditionellen Analytikerinnen seiner Zeit, sah Mc Laughlin den analytischen Prozeß annähernd unter einer »intersubjektiven« Perspektive:

> »Ob wir es nun Übertragung oder Gegenübertragung nennen, wir haben es mit einem sich gegenseitig anpassenden interaktionellen System zu tun, in welchem das ›Arbeits-Ich‹ des Analytikers fortwährend gestaltet und in feinster Weise verändert wird durch die Art und Weise, wie er seinen Patient erlebt.«

Hans Loewald (1986) vertrat einen ähnlichen Standpunkt, indem er feststellte, daß

> »es irrig, ja unmöglich ist, Übertragung und Gegenübertragung als getrennte Probleme zu behandeln. Sie sind zwei Seiten der gleichen Dynamik, die aus der untrennbaren Verflechtung mit anderen hervorgeht, in welcher das Leben eines jeden Individuums entsteht und in der es verbleibt«. (S. 277)

Diese Analytiker glaubten aber auch, daß ein Unterschied zwischen der Art der Übertragungen der Analytikerin und der des Patienten besteht, daß die Übertragungen des Patienten archaischer seien als die der Analytikerin. Sie glaubten mit anderen Worten an den »Mythos« der gut analysierten Analytikerin.

Stolorow, Atwood und Lachmann (1981), beziehungsweise Stolorow, Brandchaft und Atwood (1987) formulierten erstmals die Gegenübertragung in einer wirklich intersubjektiven Begrifflichkeit. Aus ihrer Perspektive ist Gegenübertragung »eine Manifestation der psychologischen Strukturen und der organisierenden Aktivität des Analytikers«; sie sind der Meinung, daß »Übertragung und Gegenübertragung gemeinsam ein intersubjektives System reziproker, mutueller Einflüsse bilden«. Obwohl die Autoren darauf bestehen, daß ihre Betonung der Intersubjektivität keineswegs die Möglichkeit der Analytikerin ausschließt, in die innere Welt des Patienten einzutauchen, fand ich in ihren Veröffentlichungen keine eindeutige Diskussion darüber, wie sie die Perspektive des empathischen Zuhörens gewährleisten. Für mich blieb die Frage: Kann man seine Aufmerksamkeit gleichzeitig auf die »sich überschneidenden Subjektivitäten der beiden Teilnehmer« und auf die innere Welt des Patienten fokussieren? Diese Frage versuchen viele zeitgenössische Psychoanalytiker, die sich der intersubjektiven Perspektive zugehörig fühlen, zu beantworten.

Donna Orange (1993) beschäftigte sich ausführlich mit der komplexen Beziehung zwischen Gegenübertragung und Empathie. Sie verläßt sich auf die Regeln der Hermeneutik, um zu einem empathischen Verstehen im intersubjektiven Kontext zu gelangen. Der Hermeneutik zufolge ist es nicht möglich, »einen Anderen« zu verstehen ohne die gesamte Subjektivität desjenigen in Betracht zu ziehen, der sie deutet. Das bedeutet, daß die Analytikerin in der klinischen Situation nach »Verzerrungen suchen« muß, während sie in einen Dialog mit dem Patienten vertieft ist. Orange vertritt die Meinung – und ich nehme an, die meisten von uns würden mit ihr übereinstimmen –, daß »wir unsere Gegenübertragung (unsere Co-übertragung) kennen und akzeptieren müssen, unseren Standpunkt oder unsere Perspektive, wenn wir zu Empathie und stellvertretender Introspektion fähig werden sollen« (S. 253).

Aber auch hier finden wir keine Antwort auf die Frage, wie wir es erreichen können, unsere Gegenübertragungsaffekte zu »erkennen«, die doch weitgehend unbewußt sind?

Ich glaube, es gibt zwei Faktoren, mit Hilfe derer die Linse unseres Vergrößerungsglases frei von Gegenübertragungskontaminationen bleiben könnte: 1. indem wir unsere Aufmerksamkeit auf die sich entfaltende Selbstobjektübertragung konzentrieren, und 2., indem wir die Auswirkungen zur Kenntnis nehmen, die unser verbales und nonverbales Verhalten auf den Patienten haben. Die Konzentration auf die sich entfaltende Selbstobjektübertragung bietet uns die beste Möglichkeit zu erkennen, wie uns der Patient erlebt; oder, anders ausgedrückt, welche Probleme der Patient in die Behandlungssituation bringt. Funktioniert dieser Vorgang nicht mehr ungestört, ist »die Linse unseres Vergrößerungsglases« getrübt, dann werden uns vielleicht mögliche Gegenübertragungsaffekte bewußt, die unsere empathische Fähigkeit beeinträchtigen. Es verhält sich hier wie in anderen menschlichen Verhaltensformen, die unbewußt und routinemäßig ausgeführt werden. Sie werden uns erst bewußt, wenn irgendetwas stört und wenn sie nicht mehr selbstverständlich sind. Genauso verhält es sich mit der Empathie: erst wenn wir merken, daß sie fehlt, werden wir aufgerüttelt und überlegen, ob wir vielleicht durch unbewußte Gegenübertragungsgefühle beeinträchtigt werden.

Wir sind vielleicht auch auf der Hut, wie uns die Patienten erleben, wenn wir einen therapeutischen Dialog führen, bei dem wir unsere Deutungen versuchsweise geben. Als Paul und ich zum ersten Mal unsere Gedanken zum »therapeutischen Dialog« (Ornstein und Ornstein 2001) formulierten, dachten wir nicht an deren Folgen für die Gegenübertragung. Bei genauerer Betrachtung wurde uns jedoch klar, daß versuchsweise Deutungen den Patienten dazu einladen, das Verständnis der Therapeutin bezüglich der eigenen subjektiven Erfahrungen zu korrigieren. Dies ist eine weitere Möglichkeit, in der Patienten unsere Aufmerksamkeit auf die Hindernisse lenken können, die uns vielleicht davon abhalten, ihre subjektiven Erfahrungen empathisch zu begleiten.

Bewußte und unbewußte Gegenübertragungsprozesse

Ich möchte nun zwei klinische Vignetten beschreiben, die hoffentlich die Faktoren deutlich machen, die es erleichtern, sich unbewußte Gegenübertragungsaffekte bewußt zu machen. Im ersten Fall reagierte ich auf die Worte der Patientin umgehend und sehr heftig. Die Intensität meiner Reaktion half mir, mit meinen Affekten in Kontakt zu kommen. Nachdem mir diese Gegenübertragungsreaktionen bewußt geworden waren, stellten sie keine Gefahr mehr da, inszeniert zu werden. Im zweiten Fall war meine Gegenübertragung jedoch über lange Zeit heimtückisch und unbewußt, so daß sie die Fortschritte der Patientin in der Analyse ernsthaft behinderte.

Als mich Frau Monroe zum ersten Mal anrief, erzählte sie, daß sie wiederholt die Diagnose »Borderline Persönlichkeit«[3] erhalten und schon mehrere Klinikaufenthalte und Suizidversuche hinter sich habe. Sie sagte, sie könne verstehen, wenn ich sie nicht in Behandlung nehmen wolle, aber vielleicht könne ich ihr wenigstens einen Termin geben. Bei unserem ersten Gespräch war ich überrascht über ihr sicheres Auftreten und ihre Entschlossenheit, eine Behandlung zu beginnen. Am Ende der Stunde hatte ich kaum Zweifel, daß ich in der Lage sein würde, diese Frau zu verstehen, und daß ich der Herausforderung dieser Behandlungssituation gewachsen sein würde, in der die Folgen einer sehr traumatischen Kindheit wieder erlebt und durchgearbeitet werden müßten. Bald nach Beginn der Behandlung hatte ich das Gefühl, daß wir einen bedeutsamen emotionalen Kontakt hergestellt hatten. Von Zeit zu Zeit bemerkte die Patientin, wie wichtig es für sie war, mein echtes emotionales Interesse zu erfahren. Wir erlebten ein sehr produktives erstes Jahr in einer archaischen Verschmelzungsübertragung mit relativ wenigen Unterbrechungen. Obwohl ich wußte, daß dies eine Art »Urlaub« darstellen könnte, und die Probleme im Zusammenhang mit ihrer schweren Krankheit noch nicht ins Zentrum der Übertragung gerückt waren, traf es mich doch unvorbereitet, als diese zum ersten Mal manifest wurden. Dieser Vorfall desorganisierte uns beide, war aber letztlich von großem therapeutischen Nutzen.

In jener Stunde störte sich die Patientin an einem Foto meiner Kinder, das ich im Regal meines Zimmers stehen hatte. Eigentlich mußte sie es schon vorher bemerkt haben, aber sie hatte nie etwas darüber gesagt. Jetzt wandte sie sich jedoch mit schriller, einigermaßen wütender Stimme an mich und fragte, warum ich den ganzen Tag das Foto meiner Kinder anschauen müsse; ob meine Patienten denn nicht interessant genug seien? Sie beschimpfte mich als unprofessionell, weil ich ein Foto meiner Kinder in meiner Praxis habe; dies sei »eine Grenzüberschreitung«.

Ich reagierte auf diesen unerwarteten Angriff mit einer Mischung aus Schuld, Verletzung und Ärger. Ich fühlte mich von meinen Affekten überwältigt und schwieg, aber es war mir klar, daß das Schweigen meine Affekte sehr genau vermitteln konnte. Ich wußte, daß ich etwas sagen mußte, aber mir fehlten die Worte. Als ich wieder in der Lage war, meinen Gedanken eine andere Richtung zu geben, überlegte ich, daß dieser Ausbruch von Eifersucht etwas mit außerordentlich bedeutsamen Erfahrungen aus ihrer Geschichte zu tun haben mußte. Als ich schließlich wieder redete, sprach ich über die Wirkung, darüber, daß mich ihre Reaktion auf das Foto überrascht hat, und ich offensichtlich die Bedeutung, die es für sie hat, nicht richtig eingeschätzt habe. Meine Stimme muß sarkastisch geklungen haben, denn sie wurde noch zorniger und sagte, wenn ich mich nun auch noch für diese »Übertretung« rechtfertigen und sie verteidigen wolle, sei es klar, daß wir nicht zusammenarbeiten könnten. Ich kann hier den Wortwechsel nicht im einzelnen wiederholen, aber so lange ich entweder in Form von Verteidigungen oder Entschuldigungen reagierte, wurde die Patientin nur noch wütender auf mich. Es wurde erst wieder besser, als ich versuchte, die Ursache ihrer Eifersucht zu verstehen. Ich fragte sie, mehr als Versuch, ob wir nicht kürzlich darüber gesprochen hätten, wie unterschiedlich ihre Mutter sie und ihre Schwestern behandelt hatte. Ich glaube, ich suchte nach einer genetischen Erklärung noch bevor ich die Situation zwischen uns gänzlich verstanden hatte, um ihrer Wut auf mich eine andere Richtung zu geben. Mein Kommentar beruhigte die Patientin wahrscheinlich deshalb, weil sie auch lieber ihre Mutter beschuldigte als ihre Beziehung zu mir aufs Spiel zu setzen. Doch schließlich mußten wir doch anschauen, was zwischen uns passiert war, das sie so wütend gemacht hatte. Die Patientin führte die Unterbrechung darauf zurück, daß sie plötzlich das Gefühl hatte, daß ich zerstreut war. Da das Foto sie schon länger geärgert hatte, war jetzt der Zeitpunkt gekommen, an dem die ganze Wut aus ihr heraus brach, daß ich überhaupt über irgendetwas anderes nachdachte als über sie. Nachdem die Patientin mir geholfen hatte, meine Gegenübertragungsreaktion zu erkennen, wurde diese Erfahrung außerordentlich wichtig für den Fortgang der Behandlung.

Was war passiert? Meine erste Reaktion auf die Erwähnung des Fotos meiner Kinder bestand aus Scham- und Schuldgefühlen. Es war mir peinlich, weil sie ein berechtigtes Argument angeführt hatte, und ich fühlte mich schuldig, weil sie mich darauf aufmerksam gemacht hatte, daß ich mir keine Gedanken darüber gemacht hatte, wie es auf meine Patienten wirkt, wenn ich ein Foto meiner Kinder in meinem Behandlungszimmer stehen habe. Schuldgefühle, insbesondere Schamgefühle, sind Affekte, die nur wenige Menschen gut aushalten können; es besteht ein starkes Bedürfnis, sich von dem Gefühl der Hilflosigkeit, das mit diesen Affekten verbunden ist, zu befreien. Ich glaube das ist der Grund dafür, daß Schuld und Scham sich so schnell in Wut auf den Menschen, der sie ausgelöst hat, verwandeln. Narzißtische Wut hat die Aufgabe, die Verletzung ungeschehen zu machen, die man gerade erlitten hat. Da ich von dieser Mischung von Affekten überwältigt war, schwieg ich.

Die narzißtische Wut drückt sich aber letztendlich doch im Verhalten aus: das Bedürfnis nach Rache, danach, die Verletzung rückgängig zu machen, ist das beste Mittel, das narzißtische Gleichgewicht wiederzuerlangen. So war im Klang meiner Worte so viel Sarkasmus enthalten, daß die Patientin es hören konnte. An diesem Punkt half mir die Patientin zu realisieren, daß ich noch immer in der Stimmung war, mich zu rächen; sie half mir, mit einem Aspekt meiner Gegenübertragung in Verbindung zu treten, der mir bis dahin unbewußt geblieben war. Dadurch gelang es mir, meinen Kopf klar zu bekommen, und ich konnte den Wert, den diese Erfahrung für unsere Arbeit hatte, erkennen. Es wurde mir klar, was es für eine Frau, die in ihrer Kindheit schwer mißhandelt worden war, bedeutete, mir sagen zu können, wie sie mich erlebte. Als mißhandeltes Kind konnte sie es sich nie leisten, ihre Gefühle gegenüber ihren Eltern zu erleben und auszusprechen: das hätte nur zu weiteren Mißhandlungen geführt. Ich glaube, daß das, was ich dann zu ihr sagte, nicht die empathische Verbindung zwischen uns wiederherstellte, sondern daß es auch die Behandlung auf eine tiefere, bedeutungsvollere Ebene brachte. Ich sagte ihr, daß ich angesichts dessen, was gerade zwischen uns passiert war, froh darüber sei, daß sie mir sagen konnte, wie es ihr mit dem Foto ging, auch wenn ich zunächst überrascht und ärgerlich über ihre Worte war. Sie antwortete, daß auch sie überrascht war, als sie sich in dieser Form mit mir sprechen hörte. Wir waren beide der Ansicht, daß die Tatsache, daß sie mir sagen konnte, wie es ihr mit dem Foto ging, und daß sie mich als rechtfertigend erlebt hatte, einen Wendepunkt in unserer gemeinsamen Arbeit darstellte. Die Patientin empfand, daß sie in unserer Beziehung ein Gefühl von Sicherheit erlangt hatte, von dem sie bis dahin nicht geglaubt hatte, es mit einem Menschen erreichen zu können. Dieses Gefühl der Sicherheit bedeutete, daß sie anfangen konnte, all jene potentiell zerrüttenden Gefühle zu erleben, die mit den Erinnerungen an die Mißhandlungen verbunden waren.

Ich werde Ihnen jetzt von einer schwierigeren Situation berichten, in der meine Gegenübertragung sich nur langsam aufbaute und lange unbewußt blieb. Ich werde hier nicht die lange, komplizierte Analyse mit ihren vielen Übertragungs- und Gegenübertragungsverwicklungen beschreiben, sondern mich auf einen charakteristischen Teil beschränken, der gegen Ende der Analyse stattfand.

Während der gesamten Analyse von Frau Kent hatte ich mich weitgehend auf die sehr archaische Verschmelzungsübertragung konzentriert. Mein Akzeptieren und Verstehen dieser Übertragungskonstellation brachte die Analyse voran, und die Patientin machte langsame und stetige Fortschritte. Als sich die Analyse jedoch ihrem Ende näherte, ließ meine Toleranz gegenüber ihren Erwartungen in der Übertragung nach. Insbesondere merkte ich, daß ich große Schwierigkeiten hatte mit ihren unbewußt vermittelten Forderungen, daß ihre Übertragungsbedürfnisse von mir ganz real befriedigt werden sollten. Ich glaube, die Schwierigkeiten hingen mit meiner Erwartung zusammen, daß ihr die Wünsche in der Übertragung zu diesem Zeitpunkt der Analyse bewußter sein sollten, und sie in der Lage sein sollte, diese mir gegenüber direkt anzusprechen. Da ich auf ihre unbewußten Übertragungsforderungen ebenso unbewußt in der Gegenübertragung reagierte, war ich vollständig blockiert und konnte ihr bei diesem Teil ihrer Übertragungsbedürfnisse nicht helfen.

Ich werde an einem einfachen, aber aufschlußreichen Beispiel zeigen, wie diese Übertragungs- Gegenübertragungsinteraktion inszeniert wurde. Die Patientin erzählte mir meistens irgendeine Geschichte, die ich als unausgesprochenen Wunsch erlebte, entweder begeistert zu reagieren, oder mich in einer Auseinandersetzung auf ihre Seite zu schlagen, oder aber ihr mein eigenes Erleben mitzuteilen, das mit dem ihren identisch sein sollte. Wenn ich diese indirekte, versteckte Form ihrer Wünsche wahrnahm, machte ich in der Regel innerlich dicht. Ich spürte Unmut, aber nicht wegen ihrer Erwartungen, sondern weil sie nach so langer Zeit noch immer ihre Bedürfnisse auf diese indirekte Art vermittelte. Ich fühlte mich manipuliert und schwieg über lange Phasen. In dem Maße, in dem der therapeutische Dialog aus seinem natürlichen Rhythmus kam, wurde die Patientin zunehmend ängstlicher und verwirrter. Sie mußte mein Schweigen als eine stillschweigende Zurückweisung ihres Verlangens nach einer speziellen Reaktion verstehen. Schließlich wurde dieser unproduktive Teufelskreis durch ein Gefühl unterbrochen, das ich in meinem Gesicht spürte: es fühlte sich wie versteinert an. Mein ausdrucksloses Gesicht mußte für meine Patientin wie der Blick der Bezugspersonen auf das Baby im sogenannten »Still-face«-Experiment gewirkt haben.[4] Meine steifen Reaktionen, besonders mein »versteinertes« Gesicht, waren Ausdruck und zugleich Warnsignale meiner unbewußten Gegenübertragung.

Die Frage ist: welches müßte der nächste therapeutische Schritt sein? Ein Geständnis? Selbstenthüllung? Ich glaube, beides wäre nicht hilfreich. Nachdem ich mir über die Bedeutung meiner Gegenübertragung klar geworden war, konnte ich mich darauf einstimmen, daß es für die Patientin notwendig war, ihre Übertragungsbedürfnisse und -erwartungen vor mir zu »verbergen«. Es war meine Aufgabe, einen Weg aus dieser Sackgasse zu finden. Die Gelegenheit dazu ergab sich, als sie mir wieder einmal etwas erzählte, was sie über mich von gemeinsamen Bekannten erfahren hatte. Dieses Mal bemerkte ich den unausgesprochenen Wunsch, mit mir eine ähnliche Beziehung zu haben; ich sagte zu ihr, daß ich den Eindruck hätte, daß sie, seit wir über das Ende der Analyse gesprochen hatten, mit etwas beschäftigt sei, worüber sie nicht direkt mit mir sprechen könnte. Ja, bestätigte sie, sie habe wirklich verrückte Phantasien, die alle etwas mit ihrer Beziehung zu mir zu tun hätten. In all diesen Phantasien wäre ich jemand, der eine enge und intime Freundschaft mit ihr suchen würde.

Die Patientin, die die Tochter einer sehr narziβtischen Mutter war, brauchte einen expliziten Beweis meiner Akzeptanz und Zuneigung. Sie konnte nicht darüber sprechen, was sie beschäftigte, weil dann die daraus entstehende Freundschaft auf ihre Initiative hin entstanden wäre und nicht auf meine. Sie sprach auch über ihren Wunsch, mich wie einen Zwilling erleben zu können, so, als gebe es keine Grenzen zwischen uns, so daß ich immer wüßte, was sie fühlt und was sie denkt. Nur wenn ich weiterhin eine Beziehung zu ihr brauchte und wolle, könne sie das Gefühl haben, ein Mensch zu sein, den andere lieben und bewundern können. Sobald ich diesen Wunsch verstanden und seine Berechtigung in der Übertragung akzeptiert hatte, war es nicht mehr nötig, ihn real zu erfüllen. Ich glaube, dieses Beispiel zeigt, daß ich nicht einfach mit meiner ganzen Subjektivität reagiert habe. Meiner Meinung nach handelte es sich um eine spezifische Gegenübertragungsreaktion auf ein spezifisches Übertragungsbedürfnis. Da beide unbewußt waren, wurden sie inszeniert und nicht akzeptiert, verstanden und erklärt.

Zusammenfassung

In diesem Vortrag habe ich die These vertreten, daß es sich bei der Gegenübertragung um ein klinisch nützliches Konzept handelt, das beibehalten werden sollte. Meiner Ansicht nach ist Gegenübertragung nicht mit der Übertragung der Analytikerin identisch und involviert auch nicht ihre gesamte eigene Subjektivität. Es handelt sich vielmehr um spezifische Reaktionen auf spezifische Charakeristika in der Übertragung des Patienten, die von der Subjektivität der Therapeutin getrennt gesehen werden sollen und können. Würde dieses Konzept aufgegeben, so würde Therapeutinnen die Chance genommen, mögliche Sackgassen im therapeutischen Prozeß aufzuspüren. Da Gegenübertragungsaffekte jedoch unbewußt sind, gilt es, Wege zu finden, um diese bewußt zu machen, damit die notwendigerweise immer wieder durch die Gegenübertragung entstehenden Sackgassen überwunden werden können. Mit Hilfe der beiden klinischen Vignetten wollte ich zeigen werden, daß es zwingend notwendig ist, die Wahrnehmungen des Patienten bezüglich unseres Verhaltens zu akzeptieren. Selbstverständlich können diese Wahrnehmungen defensiven Zwecken dienen und können mehr mit dem Problem des Patienten als mit der Gegenübertragung der Therapeutin zusammenhängen. Dennoch bin ich überzeugt, daß sie Momente innerhalb des Behandlungsprozesses darstellen, die der Therapeutin eine ausgezeichnete Möglichkeit zur Selbstreflexion bieten, um so zu erkennen, was sie ihrerseits dazu beiträgt, daß sich der Behandlungsprozeß in die Länge zieht oder daß es zu permanenten Unterbrechungen kommt, die zu einem vorzeitigen Ende der Behandlung führen können.

Übersetzung: Iris Hilke

Anmerkungen

1 Ich werde im folgenden von der Analytikerin und dem Patienten sprechen.

2 Bei der 21. Jahrestagung der Selbstpsychologie wurde ein aufschlußreiches Beispiel dafür gegeben. Marion Tolpin wies in ihrer Falldiskussion auf die ungünstigen Folgen hin, wenn die Analytikerin es versäumt das anzuerkennen, was sie als den »nach vorne weisenden Anteil« (»forward edge«) der Übertragung bezeichnet.

3 Ich habe diesen Fall in einem anderen Zusammenhang anläßlich der 21. Selbstpsychologischen Jahrestagung in San Diego, CA 1998 vorgestellt. Ich hoffe, daß diejenigen, die den Fall schon dort gehört haben, mir die Wiederholung verzeihen.

⁴ Es handelt sich um ein Experiment, bei dem die Bezugsperson angewiesen wird, keinen Kontakt zu dem Baby aufzunehmen, mit dem sie gerade noch lebhaft gespielt hat. Der Säugling reagiert erwartungsgemäß auf diese Veränderung im Verhalten der Mutter mit großer Angst, und ihr versteinertes Gesicht führt schließlich zu einer vollständigen Desorganisation des Babys.

Literatur

Aron, L. (1992): From Ferenczi to Searles and contemporary relational approaches. Psychoanal. Dial. 2:181-190.

Aron, L. (1996): A meeting of minds. Mutuality in psychoanalysis. Hillsdale, NJ (Analytic Press).

Freud, S. (1900): Die Traumdeutung. GW Bd. 2.

Kohut, H. (1971): The Analysis of the Self. New York (IUP). (1973) Narziβmus. Eine Theorie der psychoanalytischen Behandlung narziβtischer Persönlichkeitsstörungen. Frankfurt am Main (Suhrkamp).

Kohut, H. (1977): The Restoration of the Self. New York (International Universities Press). (1979) Die Heilung des Selbst. Frankfurt am Main (Suhrkamp).

Kohut, H. (1984): How does Analysis cure? Chicago, London (University of Chicago Press). (1987) Wie heilt die Psychoanalyse? Frankfurt am Main (Suhrkamp).

Loewald, H. W. (1986): Transference-Countertransference. J. Amer. Psychoanal. Assn. 34:275-287.

McLaughlin, J. T. (1981): Transference, psychic reality and countertransference. Psychoanal. Quart. 50:639-644.

Orange, D.M. (1993): Countertransference, Empathy, and the hermeneutical circle. In: Goldberg, A. (Ed.): Progress in Self Psychology, Vol. 9. Hillsdale, NJ (Analytic Press), S. 247-256.

Ornstein, A. (1990): Selfobject transferences and the process of working through. In: Goldberg, A. (Ed.): Progress in Self Psychology, Vol. 6. Hillsdale, NJ (Analytic Press), S. 41-58.

Ornstein, A., und Ornstein, P. H. (2001): Empathie und therapeutischer Dialog. In: Ornstein, A., Ornstein, P.H. (2001): Empathie und therapeutischer Dialog. Beiträge zur klinischen Praxis der psychoanalytischen Selbstpsychologie. Hrsg. v. H.-P. Hartmann. Gießen (Psychosozial-Verlag).

Sandler, J. (1976): Contertransference and role responsiveness. Int. Rev. Psycho-Anal. 3:43-47.

Stolorow, R. D., Atwood, G.E., und Lachmann, F. M. (1981): Transference and counter- transference in the analysis of developmental arrests. Bull. Menninger Clilnic 45:20-28.

Stolorow, R. D., Brandchaft, B., Atwood, G. E. (1987): Psychoanalytic treatment. An intersubjective approach. Hillsdale, NJ (Analytic Press). Psychoanalytische Behandlung. Ein intersubjektive Ansatz. Frankfurt am Main 1986 (Fischer).

Wolf, E. S. (1983): Empathy and countertransference. In: Goldberg, A. (Ed.): The future of psychoanalysis. New York (International Universities Press), S. 309-326.

Behandlungstechnische Grundsätze bei der Arbeit mit der Übertragung des Patienten und der Co-Übertragung des Analytikers

Joseph Lichtenberg

Die Theorie der motivationalen Systeme betrachtet wiederholte affektive, gelebte Erfahrungen als Grundlage für die Bildung von Übertragungen. Die Selbstpsychologie hat den Erfahrungen des Spiegelns, der Zwillingschaft und der Idealisierung vorrangige Bedeutung beigemessen. Die Theorie der motivationalen Systeme hat physiologische Regulation, Exploration und Assertion, aversive Reaktionen sowie Sinnlichkeit und Sexualität als zusätzliche wichtige Faktoren identifiziert, die an der Bildung von Übertragungen beteiligt sind. Wiederholte intersubjektiv eingebundene gelebte Erfahrungen (lived experiences) werden generalisiert, abstrahiert und kodiert – zunächst in Form des prozeduralen Gedächtnisses und dann, etwa im Alter von drei Jahren, auch in Form des episodischen Gedächtnisses. Die herausragenden Erinnerungen sind kognitiv und affektiv dynamische Repräsentationen des Selbst mit dem anderen und des Selbst mit dem Selbst. Abhängig von den im jeweiligen Alter vorhandenen kognitiven Fähigkeiten ziehen der Säugling, das heranwachsende Kind, der Jugendliche und der Erwachsene affektiv organisierte *Rückschlüsse* aus ihren gelebten Erfahrungen und Erinnerungen: Ich werde geliebt und liebe; ich werde bestraft, im Stich gelassen, weggeschickt, weil ich böse bin oder weil Mutter, Vater, die kleine Schwester mich haßt; wenn ich um etwas bitte, wird man mir vermutlich zuhören; wenn ich meine Wünsche offenbare, wird man mich als selbstsüchtig bezeichnen, als undankbar und unsensibel gegenüber den Bedürfnissen meiner Mutter, meiner Schwester. Rück-

schlüsse dieser Art bilden organisierende Muster, die einen macht-
vollen unbewußten Einfluß ausüben. Diese organisierenden Muster
schlagen sich in später entstehenden intersubjektiven Feldern in
Form bestimmter Erwartungen bezüglich der Pfade nieder, denen
gegenwärtige Interaktionsmuster vermutlich folgen werden. Aber
Erwartungen und gelebte Erfahrungen haben im allgemeinen zwei
Seiten. Antizipationen, die auf aversiven Erfahrungen beruhen,
finden in der Erwartung Ausdruck, daß das gleiche oder noch Schlim-
meres geschehen wird *oder* daß das Gegenteil, eine wiedergutma-
chende oder befreiende Reaktion, eintreten wird. Selbst bei traumatisierten Kindern gibt es neben den Erinnerungen an affektiv vorwiegend negative Erfahrungen zumindest einige wenige erlebte, beobachtete oder phantasierte positive Momente. In ähnlicher Weise gibt
es neben vorwiegend positiven Erfahrungen unausweichlich auch
aversive Erlebnisse. In einem analytischen intersubjektiven Feld wird
sich die aktuelle Version der Bedürfnisse, Sehnsüchte und Wünsche
des Analysanden mehr oder weniger intensiv mit den gegebenen
Situationen verflechten. Spezifische Erwartungen, die Patienten an
den Augenblick richten, üben Einfluß darauf aus, wie sie die Reaktion des Analytikers wahrnehmen: Bestätigt der Analytiker die Ängste
vor Wiederholungen negativer Erfahrungen, oder bestätigt er die
Hoffnungen auf positive? So werden Übertragungen in ihren
Ursprüngen vom Kind und seinen Bezugspersonen und während
ihres Auftauchens in der Behandlung vom Patienten und Therapeuten gemeinsam konstruiert.

Übertragungen im analytischen Austausch

Wir (Lichtenberg, Lachmann und Fosshage 1999) vertreten eine drei-
dimensionale Sicht von Übertragungen in der Analyse: In einer
vordergründigen Dimension können auftauchende Selbstobjekt-
Bedürfnisse, die aus einem der motivationalen Systeme hervorgehen, durch den empathischen Wahrnehmungsmodus aufgenommen
werden und eine empathische Reaktion auslösen. Fehlangepaßte
Reaktionsmuster, die eine deutende Exploration erfordern, stellen
einen dynamischen Einfluß auf einer mittleren Ebene dar. Damit die

Analyse erfolgreich verlaufen kann, muß eine fundamentale, nicht-lineare Übereinstimmung in der Beziehung zwischen Analytiker und Analysand eine durch stützende Sicherheit charakterisierte Hintergrundebene vermitteln. Kohuts ursprüngliche Entdeckungen haben uns veranlaßt, das im Vordergrund auftauchende unmittelbare Bedürfnis und Verlangen nach solchen Selbstobjekt-Erfahrungen anzuerkennen, welche die Kohärenz des Selbstgefühls wiederherstellen, aufrechterhalten oder stabilisieren. In vielen Analysen tritt das Bedürfnis des Patienten nach Spiegelung, Zwillingschaft oder Idealisierung gleich zu Beginn oder nach kurzer Zeit zutage. Bei Patienten aber, deren Selbstzustände in erheblichem Maße aversiv beeinflußt wurden, so wie es bei Sonya der Fall war, die ich hier vorstellen möchte, kann diese Art der Vordergrunderfahrung durch sich wiederholende, konsolidierte aversive Manifestationen überschattet oder sogar ersetzt sein, das heißt durch die Dominanz einer fehlangepaßten mittleren Ebene. Auf der Basis oder im Hintergrund ordnen wir die globale unterstützende, sichere Atmosphäre an, die das Sine qua non der Behandlung bildet. Dieser sichere Hintergrund wird in hohem Maße durch den Analytiker geschaffen. Hier betonen wir weniger die Auswirkung von Deutungen und Einsicht als vielmehr nonverbale, nicht-lineare Kommunikationen, durch die ein Analytiker das implizite Wissen um sein »Sein« mitteilt. Wir sind der Auffassung, daß unsere zehn behandlungstechnischen Grundsätze auf jeder Ebene eine therapeutische Wirkung ermöglichen. Die Arbeit mit diesen zehn Grundsätzen schafft eine weniger dissonante, in höherem Maß responsive Möglichkeit der Zusammenarbeit und bahnt auf diese Weise einen Weg zur Erforschung pathologischer Formen der Beziehung zwischen Selbst und anderem sowie zwischen Selbst und Selbst. Zwischen dem Vordergrund des direkten klinischen Austausches und dem Unterstützung und Sicherheit bietenden Hintergrund mobilisiert der dynamische Mittelgrund der redundanten pathologischen Muster die entscheidenden Assoziationen und Inszenierungen, die einen notwendigen Fokus der analytischen Exploration darstellen. Die sich wiederholenden pathologischen Muster aktivieren potentiell disruptive, aversive Motivationen. Diese problematischen Motivationen machen sich in Form negativer

Erwartungen des Patienten in bezug auf den Analytiker bemerkbar (die Angst zu wiederholen, A. Ornstein). Im Sonyas Fall hängt diese Mittelgrundebene mit ihrer Erwartung zusammen, ständig andere Menschen unterstützen und selbst zurückstehen zu müssen. Häufig können Modellszenen Themen auf dieser Ebene erfassen; so mußte beispielsweise Sonya auf ein Tennisspiel mit ihrer Mannschaft verzichten, um ihren psychisch kranken Bruder zu seinem Psychiater zu bringen, damit ihrer Mutter dieser Kummer erspart blieb.

Die Sehnsucht der Patienten, den Therapeuten als schützende Präsenz zu erleben, die es ihnen ermöglicht, abgebrochene Entwicklungsprozesse wiederaufzunehmen und neue Selbstobjekt-Erfahrungen zu machen, ist eine Vordergrunddimension, die von der traditionellen Selbstpsychologie betont wird. Die Intersubjektivitätstheorie charakterisiert die fehlangepaßten Muster als Resultat invarianter Organisationsprinzipien. Motivationale Systeme setzen die Betonung ebenso wie die Intersubjektivitätstheorie auf die gemeinsame Erzeugung von Übertragungen in einem Feld gegenseitiger (aber nicht gleichartiger) Beeinflussung zwischen Patient und Analytiker. Der Mittelgrund, den wir beschreiben, beinhaltet »Konflikte und Widerstände«, die auf negativen Erwartungen beruhen, sowie Ängste vor einer Wiederholung schädlicher und traumatischer Erfahrungen, die in der traditionellen Psychoanalyse seit langem bekannt sind. Die Neubetrachtung dieser gestörten Muster und der mit ihnen verbundenen Motivationen durch die Linse einer empathischen Exploration ist ein Vorgehen, das von allen selbstpsychologisch orientierten Arbeitsmodellen der Übertragungsanalyse befolgt wird. Systemtheoretiker, die sich auf die Entwicklung konzentrieren (Shane, Shane und Gales 1998), betonen, daß die Entwicklung in einem nicht-linearen Modus einer neuen Beziehungserfahrung die wesentliche Antriebskraft für Veränderung schafft, und zwar nicht lediglich in bezug auf die unverzichtbare stützende Grundlage, sondern für Veränderung auf jeder Ebene.

Fassen wir die Fäden dieser einleitenden Überlegungen zusammen: Wir sind der Ansicht, daß sämtliche selbstpsychologischen Theorien den Analytiker nicht als neutrales Ziel für Projektionen betrachten, sondern vielmehr als einen wichtigen Beteiligten an den erlebten Übertragungen. Durch die von ihnen mit erzeugte Atmosphäre der Hintergrundsicherheit tragen Analytiker dazu bei, daß Erwartungen dem Vordergrundgewahrsein in wachsendem Maße frei verfügbar werden. Während sie zuhören und antworten und bei dem Patienten sind, geben Analytiker bewußt und unbewußt winzige oder sehr deutliche Hinweise, die bestätigen oder widerlegen, daß vergangene gestörte und disruptive gelebte Erfahrungen (Mittelgrund) wiedererlebt werden. Darüber hinaus tragen Analytiker zu der für die Analyse zentralen Exploration bei, indem sie die Sequenz und die Bedeutung der Beiträge zu dem Prozeß, die ihre Patienten und sie selbst liefern, aufmerksam verfolgen und deuten. Je nach Situation kann jeder dieser Beiträge des Analytikers, der *fördernde, hinweisgebende* und *explorierende*, zur augenblicklich wichtigsten Aktivität werden.

Klinisches Beispiel

Sonya, eine Akademikerin Ende Zwanzig, wurde vom Psychiater ihrer Mutter überwiesen. Mit kaum hörbarer Stimme erläuterte sie, daß sie deprimiert sei, und zwar solange sie denken könne – wahrscheinlich schon immer. Auf Veranlassung ihrer Mutter und des Psychiaters ihrer Mutter war sie in einer anderen Stadt ein Jahr lang bei einem sehr bekannten Analytiker in Behandlung gewesen. Diese Therapie hatte ihr jedoch überhaupt nicht geholfen. Zumeist herrschte Schweigen, da Sonya selbst nichts zu sagen hatte und der Analytiker ihr nicht half. Sie bezweifelte, daß ihr der Versuch bei mir oder bei irgendeinem anderen Therapeuten helfen würde. Im Einklang mit ihren Worten sah Sonya deprimiert aus, sie wirkte widerstrebend und resigniert. Andererseits aber war sie elegant gekleidet, ihre Bewegungen waren sportlich, und sie hatte bedeutende akademische und berufliche Erfolge vorzuweisen. Als Manifestation ihrer Depression schilderte sie, daß sie sich Abend für Abend in den Schlaf weine und sich jeden Morgen aus dem Bett zwingen müsse, weil sie sich zu erschöpft fühle, um den neuen Tag in Angriff zu nehmen. Sie lehne Einladungen ihrer Freunde ab, obwohl sie einsam sei. Sonyas Eltern hatten sich scheiden lassen, noch bevor sie ins Teenageralter kam. Ihre Mutter war seit Jahren in Behandlung, ohne daß sie davon zu profitieren schien. Ihr Vater hielt die Psychiatrie für eine sinnlose Geldverschwendung. Die familiären Schwierigkeiten konzentrierten sich auf Sonyas gestörten Bruder, dessen Wutanfälle die Familie seit seiner frühesten Kindheit ständig ins Chaos zu stürzen drohten. Beide Eltern waren mit dem gestörten Kind überfordert, der Vater verhielt sich vermeidend, die Mutter reagierte hysterisch. Sonya hatte den Eindruck, daß man ihr die Schuld an den plötzlichen Ausbrüchen des Bruders gab und es als ihre Aufgabe betrachtete, ihn oder die Mutter oder auch beide zu beruhigen. Je älter sie wurde, desto stärker verließ sich die Mutter auf sie. Sie mußte auf ihren Sport verzichten und ihre Mutter entlasten, indem sie den Bruder zu seinem Psychiater brachte. Ein Großteil dieser Geschichte tauchte in Bruchstücken im Laufe vieler Monate auf.

Ich war zunächst vor allem davon beeindruckt, daß diese attraktive, hochgebildete junge Akademikerin derart depressiv war. Ich empfahl eine Psychotherapie mit zwei Wochenstunden, und zu meiner Überraschung ging sie, auch wenn sie pessimistisch war, darauf ein. Ich schlug ihr auch vor, einen Arzt aufzusuchen und sich ein Antidepressivum verschreiben zu lassen. Dies lehnte sie mit der Begründung ab, daß ihre Mutter ein ganzes Badezimmer voller Tabletten habe, die überhaupt nichts nützten. Ich akzeptierte, daß sie Grund für ihre Zweifel habe. Dennoch beharrte ich darauf, daß es wahrscheinlich möglich sei, ihre Leiden medikamentös ein wenig zu lindern, während wir gemeinsam daran arbeiteten, uns in ihre Erfahrungen einzufühlen und zu sehen, wie sich diese auf sie auswirkten. Sie akzeptierte meine Empfehlung und begann eine medikamentöse Behandlung, die ihr ein wenig Erleichterung verschaffte – sie sagte, sie gebe ihr Boden unter den Füßen.

Die Therapiestunden entwickelten schnell eine Routine. Sonya sah mich mit einem Ausdruck hilfloser Verzweiflung an und sagte nichts. Ich fragte: »Wie geht es Ihnen?« Sie antwortete: »Unverändert.« Ich hatte ihre Worte über das quälende Schweigen in ihrer vorherigen Behandlung nicht vergessen und fragte sie nach ihrem Schlaf, ihrem Appetit, ihrer Müdigkeit, womit sie sich bei ihrer Arbeit beschäftigte oder wie sie das Wochenende verbracht habe. Ihre Antworten waren direkt, aber knapp. Meinem Eindruck zufolge war der Inhalt weniger wichtig als unser gemeinsamer Versuch, den Streß von 45 »leeren« Minuten angespannten Schweigens zu verringern, und ich glaube, daß sie ebenso empfand. Ich verstand unseren Austausch in dem Sinne, daß ich ihre Reaktionen etwa in der Weise verfolgte, wie ich es bei einem traumatisierten Kleinkind tun würde, mit dem ich trotz seines aversiven Rückzugs einen Kontakt herzustellen und aufrechtzuerhalten versuchte. Ich beobachtete ihre mimischen und gestischen Hinweise und formulierte meine »Interventionen« – meine Fragen und Kommentare – zu dem Zeitpunkt, an dem sie ihrem Bedürfnis nach einem Zeichen meiner interessierten Anteilnahme entgegenkamen. Gleichzeitig versuchte ich sorgsam, ihre Aversion gegenüber intrusiven Aufforderungen, offener zu sprechen, zu respektieren. Sie achtete aufmerksam auf meine mimischen und gestischen Äußerungen, so daß sich ein Großteil unserer Kommunikation nonverbal vollzog.

Als nach einigen Wochen klar wurde, daß sie ihre regelmäßigen Sitzungen »pflichtbewußt« wahrnahm, fragte ich einmal zu Beginn einer Stunde spontan: »Unverändert, unverändert?« Dieser kleine Versuch einer Variation entsprach den Mustern, denen Eltern intuitiv folgen, damit ihre Kommunikationen mit dem Säugling nicht langweilig und monoton werden. »Unverändert, unverändert?« war auch ein Versuch meinerseits, einen Hauch ironischen Humors einzuführen, etwas Spielerisches in die eintönige Unbarmherzigkeit ihres depressiven Affekts zu bringen. Sie reagierte mit einem gerade angedeuteten Augenblinzeln, um dann wieder in ihrer Hoffnungslosigkeit zu versinken, und ich erkannte ohne zu zögern an, daß wir uns mit dieser Sachlage auseinanderzusetzen hatten.

Einige Wochen später begann Sonya, ihren Klagen, daß sie erschöpft sei und es so nicht mehr lange aushalte, spontane Bemerkungen hinzuzufügen. Aus freien Stücken sagte sie beispielsweise: »Ich werde am Wochenende nicht arbeiten können.« Indem wir solchen Bemerkungen nachgingen, erfuhren wir gemeinsam etwas über irgendeine Aktivität und ihre damit verbundenen Gefühle – sie haßte es, zu einer Hochzeit zu gehen, weil diese Neid in ihr weckte, oder freute sich auf einen Besuch, mit dem sie gemeinsam kochen würde.

Nach Stunden, in denen es Momente eines informativen Austausches zwischen uns gab, war ich ein wenig zuversichtlicher, bis ich schließlich entdeckte, daß sie in der darauffolgenden Sitzung oft wieder tief in Depression und Pessimismus versank. Schließlich blickte ich diesen Stunden mit Angst und Schrecken entgegen. Wenn sie ihre Verzweiflung schilderte, erkannte ich ihr Gefühl der Hoffnungslosigkeit und ihren Pessimismus an und versuchte dabei, meinen Tonfall möglichst genau auf ihren eigenen abzustimmen. Ich faßte mein Verständnis in Worte, daß ihre Mutlosigkeit meiner Ansicht nach in ihren bisherigen Erfahrungen wurzelte, zum Beispiel in den früheren psychotherapeutischen Behandlungen ihrer Mutter und ihres Bruders sowie in ihrer eigenen, früheren Therapie. Indem ich mein Erleben in Worte faßte, vermittelte ich ihr jedoch zugleich, daß ich ihren Eindruck, zu lebenslanger Depression verurteilt zu sein, nicht teilte. Ich erklärte, daß ich durchaus Hoffnung auf eine gewisse Besserung hätte. Ich achtete sehr sensibel darauf, die Ursprünge meines eigenen Optimismus zu aktivieren, um nicht in eine leere Rhetorik zu verfallen. Ich spürte, daß wir einander mochten – das heißt, es hatte sich eine nicht greifbare Bindung entwickelt, die vermutlich in hohem Maße auf wechselseitiger Idealisierung beruhte. Ich bewunderte die Zähigkeit, mit der Sonya ihre Fähigkeiten trotz ihres problematischen Familienlebens nutzte, und die hohen beruflichen Maßstäbe, die sie an sich selbst anlegte. Sie wiederum bewunderte es meiner Meinung nach, daß ich unbeirrbar meine professionelle Haltung ihr gegenüber wahrte und mein Angebot, ihr zu helfen, nicht intrusiv war.

Was zeigt uns diese Vignette aus der Frühphase von Sonyas Behandlung über die Übertragung und Gegenübertragung im allgemeinen und die Selbstobjekt-Übertragung im besonderen? Wie waren die Vordergrund-Mittelgrund-Hintergrund-Übertragungsbeziehungen beschaffen, die basalen Organisationsmuster, der intersubjektive Kontext, die motivationalen Systeme und die relevanten alten und neuen Erfahrungen? Das intersubjektive Feld im Vorder- und Hintergrund bildete sich in Reaktion auf Sonyas affektiven Zustand heraus, die Depression und den Pessimismus. Eine bestimmte Erwartungsdimension, die den Vordergrund dominierte, läßt sich etwa wie folgt formulieren: »Werden Sie mir glauben, daß ich wirklich sehr elend und unglücklich bin, und es ermöglichen, daß *ich selbst*, nicht meine Mutter und mein Bruder, Fürsorge, Hilfe und Anteilnahme finde, statt sie anderen geben zu müssen?« Eine weitere, den Mittelgrund dominierende Erwartung war: »Niemand hilft mir, jeder erwartet zu viel und niemand will oder kann die depressive Düsternis und das Schicksal, dem ich ausgeliefert bin, im mindesten beeinflussen.« Die akzeptierende Einstimmung des Analytikers stellte eine spiegelnde Übertragung im Vordergrund her, die trotz der beinahe überwältigenden Aversion zur Entwicklung einer Bindungserfahrung beitrug. Die immer häufigeren Zwischenspiele verbaler Kommunikation gaben die Bildung einer nicht-linearen Bindungserfahrung zu erkennen, einer, wie man es charakterisieren könnte, Bewegung von alt-alt zu alt-neu. Zum Schutz vor der Disruption des fragilen Vordergrund- und Hintergrund-Übertragungserlebens wurden Anzeichen für Aversion seitens der Patientin und des Therapeuten sorgfältig beobachtet und nach Möglichkeit besprochen.

Das Erleben des Analytikers läßt sich auf ähnlichen Ebenen beschreiben. Ich habe meine Angst vor den Stunden erwähnt, in denen Sonyas Depression eine noch tiefere Hoffnungslosigkeit erreichte. In solchen Situationen lieferte mir das Vordergrund-Erleben nicht den Ansatz einer Rückspiegelung meiner vitalisierenden Spiegelung ihres Erlebens oder irgendein Gefühl ihrer Idealisierung meiner professionellen Bemühungen. Das Hintergrundgefühl der Sicherheit war ebenfalls stärker gefährdet. Ich mußte mich intensiver mit der Frage auseinandersetzen, ob meine Überzeugung, ihr letztlich helfen zu können, möglicherweise doch nicht berechtigt war. Zusätzlich beunruhigten mich ihre subtilen Andeutungen, daß sie die Behandlung möglicherweise abbrechen oder sogar Selbstmord begehen würde. Der Mittelgrund der Gegenübertragung kam ins Spiel, indem meine repetitiven Organisationsmuster aktiviert wurden. Durch meine eigenen frühen Erfahrungen hatte ich gelernt, mir mein Gleichgewicht, ja meine geistige Gesundheit zu bewahren, wenn ich den Klagen von Menschen zuhörte, die sich mit Problemen herumschlugen. Ich hatte aus vielen dieser Kindheitserfahrungen rückgeschlossen, daß ich auf Familienangehörige, die sich in Schwierigkeiten befanden, einen positiven Einfluß ausüben konnte. Dieses Organisationsprinzip kam in den Sitzungen, in denen die Depression stabilisiert war, erfolgreich in Form meiner Grundannahme zum Tragen, durch meine Bemühungen eine positive nonverbale Erfahrung zu ermöglichen – eine »Belohnung« in Gestalt eines Effektanzgefühls. Selbst während der »normal« depressiven Stunden vermittelten mir kleine Hinweise auf eine entstehende Bindung sowie ein gelegentlicher, von ironischem Humor geprägter Austausch eine stützende, spiegelnde Vitalisierung. Während der Stunden jedoch, in denen die Hoffnungslosigkeit Sonya zu überwältigen schien, löste meine Abstimmung in mir selbst nur ein entsprechendes Gefühl der Hilflosigkeit aus. Meine empathischen Bemühungen, ihrem Affektzustand gerecht zu werden, vermittelten mir kein Gefühl der Effektanz, und mein wachsendes Unbehagen veranlaßte mich schließlich, mich aus einer empathischen, zuhörenden Haltung zu lösen, um erneut meine eigene Perspektive einzunehmen. Ich wollte ihr meinen Optimismus zu erkennen geben, ihr schließlich doch helfen zu können, und suchte die Grundlage dafür in meiner eigenen Erfahrung als Psychiater-Analytiker und in meiner Anerkennung ihrer zahlreichen Fähigkeiten und ihres sympathischen Wesens. Ich beobachtete, daß ich ihre Hoffnungslosigkeit nicht teilte, auch wenn ich das im Moment bestehende gemeinsame Gefühl der Verzweiflung anerkannte. Dies war vielleicht eine Reaktion darauf, daß es mir nicht behagte, mich hilflos und nicht gebührend gewürdigt zu fühlen. Diese Beruhigung nutzte vermutlich mir selbst ebenso sehr, wie sie Sonya Mut machte.

Grundsätze der Technik

1.) Der erste technische Grundsatz – einen freundlichen, zuverlässigen Rahmen und eine Atmosphäre der Sicherheit herzustellen – ist für alle Übertragungsdimensionen von wesentlicher Bedeutung, spielt aber eine entscheidende Rolle für das Hintergrunderleben oder die fundamentale Erfahrung, gehalten zu werden (»holding«). Sonya machte dies vom ersten Moment an zu einer schwierigen Aufgabe.

2.) Unser zweiter Grundsatz, der empathische Wahrnehmungsmodus, dient uns als vorrangige Methode der Orientierung gegenüber der Vordergrund-Übertragungsmanifestation. Durch direkte Introspektion gibt uns der empathische Wahrnehmungsmodus auch die Möglichkeit, die Co-Übertragung zu identifizieren, die einen fortlaufenden Beitrag zu dem gemeinsam geschaffenen und sich entwickelnden intersubjektiven Feld darstellt. Bei Patienten wie Sonya ist der Vordergrund sehr undurchsichtig, so daß die Aufmerksamkeit des Analytikers für seine eigenen Reaktionen zu einer noch wichtigeren Informationsquelle wird als üblich, damit sich die notwendige Sensibilität entwickeln kann.

3.) Sonyas Affekt der pessimistischen Depression hat jeden einzelnen Augenblick unseres Zusammenseins in dieser Anfangsphase entscheidend gefärbt. Ausschlaggebend für die Arbeit mit ihrer Übertragung (und meinen Versuch in der Co-Übertragung, ihre Gefühle mit ihr zu teilen, ohne mit ihnen zu verschmelzen) war es, die affektive Erfahrung zu identifizieren, nach der sie suchte. Als Selbstpsychologen lehnen wir es zwangsläufig ab, die nur allzu verführerische Schlußfolgerung zu ziehen, daß ein leidender Patient masochistisch nach Schmerz oder Bestrafung sucht. Sonya war, wie ich spürte, darauf angewiesen, daß ich *ihren* leidenden Zustand uneingeschränkt anerkannte, damit sie auf die Rollenumkehr verzichten konnte, die sie zur fürsorglichen Bezugsperson werden ließ. Ich spürte auch, daß sie der Möglichkeit gründlich mißtraute, in mir eine wohlmeinende Bezugsperson oder einen analytischen Untersucher zu besitzen. Schließlich gelangte ich zu der Überzeugung, daß sie die Welt ohne Depression erleben wollte, und zwar vor allem durch ihre eigene Urheberschaft, mit mir als Unterstützung.

4.) »Die Botschaft enthält die Botschaft« – dies gilt in vielen Fällen vorwiegend für eine Vordergrund-Manifestation der verbalisierten Kommunikation. Selbst dann taucht die Übertragungsbotschaft der auf vergangener gelebter Erfahrung beruhenden Erwartung in einem Amalgam von Schattierungen und Nuancen auf, von gestischen, stimmlichen und mimischen Äußerungen und in den Übergängen, die zu Themen hin- und wieder von ihnen wegführen. In Sonyas Fall lautete die Botschaft, daß ein pathologisches, repetitives Muster im

Mittelgrund die Quelle eines beharrlich aversiven Affektzustandes im Vordergrund war. Um mit dieser Botschaft arbeiten zu können, war zu diesem Zeitpunkt die sorgfältige Aufmerksamkeit des Analytikers für Nuancen im Hier und Jetzt notwendig, nicht für die ihnen zugrunde liegenden historischen Quellen.

5.) Bei der Arbeit mit Sonya wurde das Füllen der narrativen Hülle weniger zu einer Informationsquelle, die zur Ergründung des inneren Zustandes der Patientin nötig gewesen wäre, als vielmehr zu einer Möglichkeit, um den Kontakt aufrechtzuerhalten und zu regulieren. In einer späteren Phase ihrer Behandlung nahm dieses Vorgehen seine eher übliche Form einer untersuchenden Exploration an.

6.) Die Annahme der Zuschreibung ist der technische Grundsatz, der sich bei der Erforschung der Übertragung am effektivsten erweist – Dynamik der Co-Übertragung. Normalerweise kann die Zuschreibung eines Patienten, daß der Therapeut zornig sei oder sarkastisch oder ungewöhnlich zufrieden oder einfühlsam, verbal thematisiert werden. Indem er die Seite der Patientin betrachtet, kann der Analytiker sagen:»Ich wirkte also wütend auf Sie. War das, als ich gesagt habe, daß Sie verbergen wollten, wie eifersüchtig Sie waren?« Indem er ihre Seite betrachtet, kann sich der Analytiker fragen, wie seine Stimme klang, ob er zu dem betreffenden Zeitpunkt oder früher erkennbar verärgert war. Die Patientin sagt vielleicht:»Nein. Nicht nur, als Sie das sagten, sondern die ganze Stunde, und ich glaube, Sie sind verärgert, weil ich gestern abgesagt habe.« Auf diese Weise ermöglichen empathische Wahrnehmung und Introspektion die Worte, das Timing und den nötigen Takt, um die Exploration vorzunehmen. Das ursprüngliche Ziel besteht darin, das Selbst des Analytikers, so wie die Patientin es sieht und wie er selbst es sieht, offenzulegen. Stimmen die beiden Bilder überein? Wie ist die Abweichung beschaffen? Ein weiteres Ziel besteht darin, herauszufinden, wie die Wechselwirkung zur Entwicklung des Austausches beiträgt. Lädt der eine den anderen ein oder provoziert er ihn auf eine Art und Weise, die erkannt und erforscht werden muß? Ein weiteres Ziel könnte darin bestehen, zusätzliche Informationen über das Organisationsmuster zu sammeln, das jeder beiträgt. Und ein letztes Ziel schließlich besteht darin, die Repräsentationsschemata beider Beteiligter subtil zu verändern, und zwar durch die Anerkennung der Unstimmigkeiten, die jeder über das Selbst, den anderen und das Selbst mit dem anderen vertritt.

In den ersten Stunden konnte Sonyas Zuschreibung an den Analytiker, daß er ihr nicht würde helfen können, in einem verbalen Austausch nicht bearbeitet werden. Sie wurde vielmehr agiert, und zwar in Form der Bemühungen des Analytikers, zumindest eine kleine Wirkung zu erzielen. In seiner Introspektion mußte er seine Reaktion untersuchen. Aktivierte Sonyas Zuschreibung seinen Rivalitätssinn – der andere Analytiker hatte ihr zwar nicht geholfen, aber würde er selbst es besser machen? Oder war Sonya zu sehr gestört, als daß er ihr ohne starke Medikamente oder sogar eine Klinikeinweisung würde helfen können? Oder verhielt es sich so, daß man Sonya durchaus hätte helfen können, er aber nicht das rechte empathische Verständnis fand, den richtigen Weg, um sich auf ihren Affekt einzustimmen und diesen zu containen, die richtige Mischung aus Annäherung und unterstützender Distanz? Solche zweifelnden inneren Diskurse des Analytikers werden um so schwieriger, wenn die für eine Rückversicherung und Lösung benötigten Informationen so spärlich fließen.

Und schließlich werden Zuschreibungen, die den negativen Einfluß des Analytikers auf eine Behandlung betreffen, von der Patientin unter Umständen nicht direkt verbalisiert. Statt dessen wird der Analytiker sie möglicherweise durch seinen eigenen affektiven Zustand in der Stunde und vor allem durch seine weitere innere Beschäftigung mit der Patientin nach der Stunde wahrnehmen. Inszenierungen während einer laufenden Behandlung drücken sich darin aus, daß sich der Therapeut in eine Rolle hineingedrängt oder -gezogen fühlt, in der ihm außerordentlich unbehaglich zumute ist – er fühlt sich als Täter oder Opfer, als Erretter und Rettungsbedürftiger, als Adoptivvater oder -mutter oder aber als derjenige, der das Kind im Stich läßt. Daher ist die Annahme der Zuschreibung etwas, das den meisten Analytikern widerstrebt. Aufgrund meiner eigenen Erfahrung mit der Überwindung des Widerstrebens, mich in Rollen zu sehen, die mir nicht behagen, glaube ich jedoch, daß es sich hierbei um genau die Momente handelt, in denen die Selbstwahrnehmung und die Worte, um sie zu beschreiben, am nötigsten gebraucht werden. Ich füge hinzu, daß die spezifische Form der Rolle kein Implantat ist, das der Psyche des Patienten entstammt, sondern daß sie durch die zuvor gelebte Erfahrung des Therapeuten geprägt wird. 7.) Die gemeinsame Konstruktion von Modellszenen begann, als Sonya eine Erinnerung schilderte: Sie mußte auf ihre Tennisstunden verzichten, um ihren Bruder zum Psychiater zu fahren. Nach und nach ergänzten wir gemeinsam, daß dies nicht nur bedeutete, daß sie sich um ihren Bruder kümmern mußte; vielmehr ging es auch darum, ihre Mutter zu entlasten und hysterische Anfälle sämtlicher Beteiligter zu verhindern. Dies verknüpfte sich mit der Übertragung, die im allgemeinen negativ war – ich muß hierher kommen, wenn ich eigentlich tun und lassen könnte, was ich will –, gelegentlich aber auch positiv – ich muß meine Stunde opfern, um bei der Arbeit zu bleiben und Dinge zu erledigen, die mir andere aufhalsen. Eine weitere, tiefer verborgene Seite der Modellszene war: Sie brauchen mich bei der Arbeit, weil ich die einzige bin, die das Problem lösen kann. Sobald Modellszenen konstruiert und durch gemeinsamen Austausch verbessert werden, intensivieren sie die Behandlung, indem sie zu einem gemeinsamen und im intersubjektiven Feld verfügbaren Besitz werden, den jeder Teilnehmer aufgreifen und benutzen kann.

8.) Bei Sonya war der Grundsatz, daß aversive Motive eine kommunikative Äußerung darstellen, die es wie jede andere Botschaft zu erforschen gilt, für unsere Anfangsphase von entscheidender Bedeutung. Sonyas aversive Botschaft lautete, daß sie nichts mitteilen oder gemeinsam mit mir erforschen würde. Durch ihre Bereitschaft, regelmäßig zu den Sitzungen zu kommen, brachte sie die Sub-Botschaft zum Ausdruck, daß einzig und allein der Analytiker zu beweisen habe, daß sie von der Behandlung profitieren könne. Während sich ihr vermeidendes Vorgehen als Manifestation eines unbewußten Abwehrprozesses entwickelt haben mochte, war ihr gegenwärtiges vermeidendes Verhalten nicht in dem Sinne zu verstehen, daß sie Inhalte, zu denen zu assoziieren sie zögerte, durch Verdrängung, Isolation oder Verleugnung aus dem Bewußtsein bannte. Der Analytiker mußte ihre gegenwärtige Situation als Zeichen dafür betrachten, daß ihr Bindungssystem in der Übertragung vollständig durch ihren aversiven Rückzug und ihren Antagonismus zu seinem Vorgehen dominiert war. Das heißt, daß die Art und Weise, wie der Patient Aversion vermittelt, unserer Meinung nach die explizite oder intuitive Strategie des Vorgehens und der Deutung diktiert.

9.) Wir beschreiben drei verschiedene Möglichkeiten der Intervention. Die häufigsten Interventionen sind jene, die sich der Perspektive des Patienten bedienen. Weniger häufig sind Interventionen aus der Perspektive des Analytikers. Darüber hinaus kennen wir Interventionen, die wir als disziplinierte spontane Einlassungen bezeichnen. Durch die Flexibilität dieser unterschiedlichen Ansätze bahnen wir dem Analytiker den Weg, seine Wahrnehmungen und sein Verständnis in der fließenden Welt sich verändernder Übertragungskontexte mitzuteilen. So betrachtet, verlangt das empathische Eintauchen, das zur Herstellung und Aufrechterhaltung des Hintergrundes notwendig ist, vom Analytiker nicht, daß er sich auf einen ununterbrochenen Strom von Reaktionen auf die Bedürfnisse nach Spiegelung, Zwillingschaft und Idealisierung beschränkt. Vielmehr sind wir der Ansicht, daß das empathische Eintauchen, das zur Arbeit mit sämtlichen Dimensionen der Übertragung notwendig ist, aus einem Modus der Wahrnehmung hervorgeht, der *in erster Linie*, aber nicht ausschließlich, die Perspektive des Patienten einnimmt. Bei Patienten wie Sonya bestand die effektivste Form der Wahrnehmung und anschließenden verbalen Erläuterung ihrer Perspektive in häufigen Momenten introspektiven Gewahrseins. Die Fähigkeit des Analytikers, den offenen und unausgesprochenen Prozeß wahrzunehmen und zu beschreiben, der sich im gemeinsamen Austausch vollzog, bot Sonya die beste Gelegenheit, ihr eigenes Gewahrsein für ihren inneren Zustand zu erweitern. Darüber hinaus vermittelt die intuitive, nicht befangene Introspektion des Analytikers häufig die Botschaft, die er durch disziplinierte spontane Einlassungen weitergeben kann. Wir glauben, daß all diese technischen Grundsätze eine Offenheit gegenüber der Spontaneität des Gefühls, der Worte und Gesten fördern. Humor, Verwendung von Metaphern, Aufbau von Modellszenen und bestimmte persönliche Enthüllungen fördern einen vitalisierenden Kontrast zu dem Wechselspiel von Übertragung und Co-Übertragung im Vordergrund. Beziehungsmomente, die einen besonderen Eindruck hinterlassen und aus Spontaneität, Überraschung und direkter affektiver Kommunikation hervorgehen, stehen in deutlichem Kontrast zu den relativ fixierten aversiven Schemata des Selbst mit dem anderen, die ihren Ursprung in der mittleren Dimension haben.

10.) Der letzte Grundsatz betrifft das »Monitoring«. Indem der Analytiker die Sequenz von Assoziationen und die Übertragungsschemata verfolgt, die nacheinander auftauchen, zentral werden und dann wieder verschwinden, versucht er, den Einfluß einer jeden Intervention sowie den kumulativen Fluß jeder Gruppe von Interventionen zu beurteilen. Besonders bei Patienten, die wie Sonya in einem aversiven Übertragungsschema gefangen sind, besteht die einzige Möglichkeit für den Analytiker, sich durch ihre Augen zu sehen, darin, jedem subtilen, auf weitgehend nonverbalen Reaktionen beruhenden Hinweis nachzugehen. Führt die Intervention zu dem leisesten Aufflackern von Interesse oder Vitalität oder löst sie ein Abwenden des Blickes und schweigenden Rückzug aus?

Wir glauben, daß Analytiker ihre Überlegungen nicht auf die *eine* Deutung, sondern vielmehr auf eine Sequenz von Interventionen konzentrieren sollten. Hat der Analytiker den Eindruck, daß die von ihm im Laufe einer Stunde, einer Woche, eines Monats oder eines noch längeren Zeitraums beobachteten Interventionen an Effektivität zunehmen, indem sie eine kooperative Reaktion wecken, wie es bei Sonya zu Beginn der Fall war, und/oder Licht auf einen Affektzustand oder ein problematisches Selbst-mit-dem-anderen-Schema werfen?

Zu Beginn des Herbstes wurde Sonya depressiver. Sie brachte dies mit den jahreszeitlich bedingten Veränderungen in Verbindung. Sie hatte von der »Lichttherapie« gehört, wiederholte aber ihre pessimistische Auffassung, daß ihr nichts würde helfen können. In einer Stunde, in der sie besonders depressiv war, fragte ich sie nach ihrer Medikation. Sie antwortete, daß sie ihre Medikamente einnehme, aber keine Besserung verspüre. Ich schlug ihr vor, den Neuropharmakologen aufzusuchen und die Medikamentenwahl mit ihm zu überdenken. Sie lehnte ab, und wir blieben in ausweglos erscheinendem Schweigen sitzen. Als ich zu ihr hinsah, begegneten sich unsere Augen, und ich reagierte mimisch auf ihren qualvollen

Ausdruck. Sie fragte mich, auf meinen Blick bezogen: »Was ist?« Ich antwortete mitfühlend: »Sie sehen aus wie ein trauriges kleines Kätzchen.« Diese Metapher hatte ich nie zuvor verwendet. Ein paar Augenblicke später antwortete sie:

P.: Ich gehe zu ihm, aber eigentlich will ich es nicht.

T.: Ich weiß, daß Sie pessimistisch sind – bei einer Mutter mit einem Medizinschrank voller Medikamente, die nicht helfen, und der Verbindung, die Sie selbst zwischen Medizin und Krankheit herstellen, wo Sie es doch hassen, krank zu sein. Gibt es noch etwas?

P.: Ich mag Dr. N. nicht. Ich will nicht wieder zu ihm gehen.

T.: Sie müssen nicht zu ihm gehen. Ich kann Sie an jemand anderen überweisen.

P.: Okay.

T.: Dr. H. (ihre Telefonnr. lautet...).

Sonya suchte Dr. H. auf und erhielt ein anderes Antidepressivum verschrieben. Innerhalb von zwei Wochen besserte sich ihre Stimmung erheblich.

P.: Sie werden es kaum glauben, aber ich habe mich total verknallt.

T.: Oh (erfreut, sie so glücklich und ausgelassen zu erleben)!

P.: In Patrick Rafter (einen australischen Tennisspieler, der gerade überraschend die US-Open gewonnen hatte). Ann rief mich an und sagte, daß sie im gleichen Moment, in dem sie ihn sah, gewußt habe, daß ich auf ihn fliegen würde. Und ich habe mit unserem Kunden vereinbart, ihn zu treffen.

Sonya wurde ihm vorgestellt und besuchte mit den Tennisspielern eine Party. Sie zog auch in ein Apartment, das sie mit sorgfältig ausgewählten Gegenständen einrichtete. Einige Stunden später erklärte sie, daß sie noch eine weitere Überraschung für mich habe: Sie habe ein Kätzchen bekommen. Aus Neugierde fragte ich sie, ob sie sich an meine Bemerkung erinnere, daß sie wie ein trauriges kleines Kätzchen aussehe. Sie verneinte. Im Laufe der folgenden Wochen schilderte sie, daß das Kätzchen sie morgens um 4.00 Uhr wecke, weil es mit ihr spielen wolle, und ihr dabei leicht über die Augenlider streiche. Sie beschrieb auch sehr anschaulich, wie das Kätzchen voller Panik zitterte, als sie es zum Tierarzt brachte, weil es zum dritten Mal ein Sulfurbad gegen eine Pilzinfektion benötigte.

Dann machte sie erneut einen leicht depressiven Eindruck. Ich fragte sie, ob sie mit Dr. H. wegen ihrer Medikation in Kontakt sei. Sie hatte Dr. H. nicht mehr aufgesucht, seit diese sie gebeten hatte, einige Bluttests vornehmen zu lassen. Es widerstrebte ihr zutiefst, sich darauf einzulassen. Ich sagte, daß ich mich an ihre Schilderung des zitternden Kätzchens erinnert fühlte, und fragte, ob es ihr ähnlich gehe.

P.: Zwischen neun und 13 Jahren war ich bei einem Kieferorthopäden in Behandlung. Es war furchtbar! Ich habe ihn gehaßt. Ich habe meiner Mutter gesagt, daß ich nicht zu ihm gehen wolle, aber sie hörte nicht auf mich. Sie wollte mich nicht zu jemand anderem schicken. Ich habe ihn wirklich gehaßt.

T.: Lag es an den Schmerzen, die mit der Behandlung verbunden waren, oder hing es mit seiner Person zusammen?

P.: Ich erinnere mich nicht mehr, wie es war... Er kam ins Gefängnis.

T.: Weswegen?

P.: Weil er kleine Mädchen belästigt hatte.

T.: Glauben Sie...

P.: (Unterbricht) Ich weiß es nicht. Ich kann mich nicht erinnern. Die Zeitungen schrieben, daß etwa 15 Mädchen gegen ihn ausgesagt hätten.

In der nächsten Stunde fragte ich, ob wir noch einmal auf das Thema zurückkommen könnten. Sie wiederholte, daß sie sich an nichts erinnere, ihn aber gehaßt habe. Von ihrer Mutter erfuhr sie, daß sie – nachdem sie es in der Zeitung gelesen hatte – erzählt habe, daß er seine Instrumente nicht auf den Tisch, sondern auf ihre Brust zu legen pflegte. Ich fragte, wie es sich wohl angefühlt habe, wenn er ihren sich verändernden Körper berührte. Sie antwortete, daß sie sich auch nicht mehr daran erinnere, ihrer Mutter etwas erzählt zu haben. An diesem Punkt gelangte ich zu dem Schluß, daß eine Facette der allgemeinen Aversion gegen offene Kommunikation, die von Beginn ihrer Behandlung an spürbar gewesen war, vermutlich ihre Dissoziation und Distanzierung in Streßsituationen betraf. Auf meine weiteren Fragen offenbarte Sonya, daß sie sich grundsätzlich nicht an Ereignisse erinnere. Sie erinnere nur Generalisierungen. Sie dachte nicht in Ereignisszenen oder –bildern. Sie konnte sich nicht vorstellen, was sie selbst als vorpubertäres Mädchen bei dem Kieferorthopäden empfunden haben mochte. Ich vermutete, daß ihre Enthüllung über den Kieferorthopäden auf einen agierten Austausch mit mir verwies, in dem ich im Gegensatz zu ihrer Mutter ihre Entscheidung akzeptiert hatte, von dem männlichen Neuropharmakologen, den sie nicht mochte, zu einer Frau zu wechseln, bei der sie sich sicherer fühlte. Ich war zudem überzeugt, daß aufgrund ihrer Gedächtnislücken eine Deutung dieses Zusammenhangs für sie keinen Sinn ergeben hätte.

Bis zu diesem Punkts unserer Gespräche hatte sie keine spontane Neugierde zu erkennen gegeben, keine Rückbesinnung auf irgendein Erlebnis, über das man hätte nachdenken können. Es war allein meine Aufgabe gewesen, ihr Interesse an irgendwelchen Aspekten ihres Lebens zu wecken, von denen sie mir berichten wollte. Der Fortschritt bestand vorwiegend in ihrer wachsenden Offenheit, mit der sie über Aspekte ihres gegenwärtigen Lebens sprach und gelegentlich Hinweise auf die Vergangenheit fallenließ.

Wir sind der Ansicht, daß der Analytiker intuitiv zwischen mehreren Gefahren navigieren muß: Es besteht die Gefahr, daß er 1) als allzu intrusiv oder allzu zurückgezogen und distanziert wahrgenommen wird; daß er 2) als jemand erlebt wird, der eine unterwürfige Verwicklung herbeiführen will, statt eine gemeinsame Kooperation anzubieten; daß er 3) ein Beziehungsmoment anstrebt, das auf Kosten einer Vertiefung des Verstehens ein gutes Gefühl erzeugt, oder daß er auf Exploration drängt und das Bedürfnis des Patienten nach Vitalisierung oder Trost dabei zu kurz kommt; daß er 4) einen traumatischen Affektzustand bestehen läßt, wenn Containment notwendig ist, um die kognitiven und reflexiven Fähigkeiten wiederherzustellen, oder eine diskrete aversive Empfindung oder Stimmung vorzeitig unterbricht und dadurch die Gelegenheit zur Exploration zunichte macht; und 5) muß er erkennen, ob der Patient den Analytiker im Vordergrund als wohlmeinenden Zuhörer einer Narration über ein aversives Erleben mit einem anderen erlebt oder ob der Analytiker selbst ähnlich wie der aversive andere wahrgenommen wird.

Ich möchte schließen, indem ich meinen Bericht über Sonya auf den aktuellen Stand bringe. Ihre Stimmung verändert sich mittlerweile innerhalb eines normalen Bereichs. Sie kann auslösende Ereignisse erkennen und zögert kaum noch, über sie zu sprechen. Sie hat sich intensiv mit mir über ihr absolutes Mißtrauen gegenüber Männern auseinandergesetzt. Mit ihrem Vater und mit anderen Männern, die sie kennenlernte, hat sie die Erfahrung gemacht, im Stich gelassen zu werden. Nun hat Sonya sehr zurückhaltend eine vielversprechende Beziehung aufgenommen. Ihre Katze, die mittlerweile ausgewachsen ist, bleibt neben ihren Freunden eine wichtige Quelle vitalisierender und beruhigender Selbstobjekt-Erfahrungen. Unsere gemeinsame Arbeit ist nach wie vor untypisch. Wir beschäftigen uns sehr wenig mit der formalen Untersuchung symptomatischer Zustände und stellen, von groben Bezügen abgesehen, kaum Verbindungen zwischen Gegenwart und Vergangenheit her. Ein Beobachter würde unsere gemeinsam verbrachte Zeit eher – mit leiser Verwunderung – für ein Gespräch unter Freunden halten. Eine wichtige Entscheidung traf Sonya, als ihr klar wurde, daß ihre Arbeit nach wie vor ausbeuterisch war, für sie aber keine befriedigende Herausforderung mehr enthielt. Ihr wurde sofort eine angesehene Stellung angeboten, in der sie größere Projektverantwortung trug. Als man ihr eine Versicherungsbescheinigung aushändigte, bekam sie Angst, daß negative Informationen ans Licht kommen könnten. Ich brachte meine Überraschung zum Ausdruck, und sie antwortete, daß ihr Vater sich um ihre Steuern kümmere und ein Extrakonto für Schwarzgeld eingerichtet habe. Auf meine weiteren Fragen offenbarte sie voller Scham, daß sie nichts über ihr Geld wisse, ihr Scheckbuch nicht ordentlich führe und keinerlei Vorstellung davon habe, wie reich ihre Familie sei. Ich verwies auf den Widerspruch zu ihrem üblichen starken Kompetenzverlangen. Zuerst schwieg sie nachdenklich, dann fauchte sie: »Das ist doch die einzige Form, in der sich meine Familie je um mich gekümmert hat! Ich will nicht darauf verzichten.« Ich verstand die Übertragungsbotschaft in folgendem Sinn: »Wenn Sie das verstehen müssen, okay, ich habe nichts dagegen, aber ich mag es nicht, daß ich mich vor Ihnen schämen muß, weil ich Ihnen einen noch verbliebenen Aspekt meiner Kleinmädchen-Bedürftigkeit offenbare.«

Übersetzung: Elisabeth Vorspohl

Literatur

Lichtenberg, J. D., Lachmann, F.M., und Fosshage, J.L. (1992): Das Selbst und die motivationalen Systeme. Frankfurt a. M. (Brandes und Apsel) 2000.

Ornstein, A. (1974): The dread to repeat and the new beginning: a contribution to the psychoanalysis of narcissistic personality disorders. Annual of Psychoanalysis 2:231-248. New York (International Universities Press).

Shane, M., Shane, E., und Gales, M. (1997): Intimate Attachments: Toward a New Self Psychology. New York (Guilford).

Wie verändert sich das Selbst im therapeutischen Prozeß? Wechselseitig mutative Momente im psychoanalytischen Erleben

Ernest S. Wolf

I.

Während des gesamten ersten Jahrhunderts ihres Bestehens hat die Psychoanalyse die grundlegende Sichtweise und die fundamentalen Begriffe, so wie sie von ihrem genialen Begründer Sigmund Freud erarbeitet wurden, beibehalten. Es steht außer Frage, daß die Psychoanalyse zur Basis mannigfaltiger psychologischer Theorien und Methoden geworden ist, die sich aus dem freudianischen Denken herleiteten und dann in zahlreiche Richtungen weiterentwickelten. Zweifellos gibt es viele Faktoren, die Freud darin beeinflußt haben, diese spezifische Form des Denkens zu entwickeln, die wir noch immer als frühe Psychoanalyse identifizieren können. Der Versuch, eingehend zu analysieren, wie und warum Freud zu seinen Schlußfolgerungen gelangte, würde den Rahmen meines Themas sprengen. Es scheint mir aber lohnenswert, ein paar Fäden aufzugreifen, die in das Netz seiner Überlegungen eingegangen sind, insbesondere einige jener prägenden Einflüsse, die durch den geographischen und zeitlichen Rahmen der Geschichte jener Jahre, in denen er lebte, determiniert waren. Ein besseres Verständnis der zeitgenössischen Faktoren wird Vergleiche mit verwandten gegenwärtigen Einflüssen ins Blickfeld rücken. Solche Vergleiche können wichtige Unterschiede zwischen der ursprünglichen freudianischen Sichtweise und modernen Auffassungen analoger Aspekte hervorheben und illuminieren. Dabei könnte sich herausstellen, daß wir es in bestimmten Fällen, in denen unsere derzeit aktuellen Ansichten dem Verständnis Freuds scharf zu widersprechen scheinen, wahrscheinlich mit genuin freudianischen Ideen und Ableitungen zu tun haben, die sich in ständiger Entwicklung befinden. Vor dem Hintergrund der veränderten Umstände wie auch des veränderten philosophischen Verständnisses des modernen Lebens betrachtet, können wir vielleicht zu dem Schluß gelangen, daß Freud, wenn er heute lebte, die Dinge weitgehend so sähe, wie wir es tun.

Natürlich können wir uns dessen nicht sicher sein. Gerade unsere Ungewißheit ist ja ein Symptom der veränderten philosophischen Atmosphäre, in der wir denken und handeln. Die meisten unserer führenden Denker haben jeden Unfehlbarkeitsanspruch mittlerweile fallengelassen und betonen die Relativität der Wahrheitswerte all unseres Wissens. Dieser Standpunkt ist in zeitgenössischen philosophischen Diskussionen nach wie vor umstritten, und ich kenne mich im philosophischen Denken wirklich nicht genügend aus, um überzeugend für die eine oder andere Seite argumentieren zu können. Intuitiv aber fühle ich mich mit dem heutigen »Ich bin mir nicht sicher« wohler als mit den vorgeblichen Gewißheiten der bedeutenden Autoritäten früherer Jahrzehnte, ob es sich nun um Philosophen oder um Psychoanalytiker handelte. Ist es denkbar, daß ich in meinem 8. Lebensjahrzehnt tatsächlich moderner bin, als ich bislang annahm?

Aber wir wollen uns erneut Freud zuwenden. Seine Entscheidung, die medizinische Laufbahn einzuschlagen, kam auch unter dem Einfluß eines Vortrags des Zoologen Carl Brühl zustande, der einen Essay Goethes, »Die Natur«, las. An der medizinischen Fakultät erkor sich Freud den berühmten Physiologen Ernst Brücke zum bewunderten Idol. Als Helmholtz-Schüler war Brücke das Symbol für die revolutionären Fortschritte der physiologischen Wissenschaft. Er war ein Pionier auf seinem Gebiet und verfolgte das Ziel, physiologische Prozesse auf physische und chemische Gesetze zurückzuführen. So wurde Freud zu der Idee angeregt, für die Psychologie das zu tun, was seine Lehrer gerade für die Physiologie geleistet hatten. Dementsprechend bestand sein Ziel darin, das Chaos psychologischer Beobachtungen zunächst auf wissenschaftlich beobachtete psychologische Prozesse und dann auf psychologische, den Gesetzen der

Physiologie, Chemie und Physik analoge Gesetze zurückzuführen. Ein höchst ehrgeiziges Unterfangen, das er, so dürfen wir sagen, weitgehend erfolgreich bewältigte. Ebenso wie die anderen Wissenschaftler seiner Zeit dachte auch Freud in dem positivistischen Rahmen des Cartesianismus, der tonangebenden Philosophie René Descartes'. Daher stellte sich ihm der psychische Apparat als isolierte, mechanistisch konstruierte Maschine ähnlich wie viele andere Objekte in der Welt dar. Dichotome Konzeptualisierungen wie Objekt versus Subjekt, Innen versus Außen, psychische Realität versus äußere Realität usw. wurden die metapsychologischen Pfeiler, auf die sich das gesamte Theoriegebäude stützte. Wir alle sind in diesem cartesianischen Denken erzogen worden und haben außerordentliche Schwierigkeiten damit, uns von ihm zu befreien.

Unser heutiges Thema ist der therapeutische Prozeß. Welche Art von Geschehen wird in einer Psychoanalyse als psychische Veränderung erlebt? Im folgenden möchte ich dazu beizutragen versuchen, die Tür des cartesianischen Gehäuses zu öffnen, damit wir alle gemeinsam den psychoanalytischen Prozeß unter dem Blickwinkel des direkten Erlebens verfolgen können, statt ihn objektiv als etwas außerhalb von uns selbst Befindliches zu betrachten. Im selben Augenblick, in dem ich dies schreibe, verspüre ich eine gewisse Befangenheit und die Befürchtung, daß ich das Unmögliche versuche und es mir nicht gelingen wird, verständlich über bewußtes und unbewußtes Erleben zu sprechen. Ich werde es, ebenso wie zu Beginn einer neuen Analyse, trotzdem versuchen und mein Bestes tun.

II.

Was empfindet der künftige Analysand, wenn er eine Behandlungsbeziehung zu einem Analytiker aufzunehmen versucht? Meiner Ansicht nach können wir davon ausgehen, daß dem potentiellen Patienten, der freiwillig einen Therapeuten aufsucht, eine Reihe furchteinflößender Fragen durch den Kopf geht. Die vielleicht häufigste und dringlichste dieser Fragen lautet vermutlich: »Mir geht es schlecht. Ist mir überhaupt zu helfen, und wird dieser Profi hier bereit und in der Lage sein, mir zu helfen?«

Ich spreche also, wie Sie sehen, im Augenblick nur über eine Person, deren Gefühlszustände durch ein Unbehagen in bezug auf das eigene Selbst charakterisiert sind. Gewöhnlich beinhalten solche Gefühlszustände Angst und Depression unterschiedlicher Intensität und bestehen seit mehr oder weniger langer Zeit. Andere Gefühlszustände wie etwa die Manie werden vermutlich nicht mit dem unmittelbaren Unbehagen erlebt, das nach rascher Abhilfe verlangt. Doch auch der Patient, der scheinbar gut gestimmt und munter zu uns kommt, kennt wahrscheinlich Angst und Depression und verbirgt sie hinter seiner Fröhlichkeit. Die Furcht, beschämenden Urteilen über das Selbst ausgesetzt zu sein, fördert den Versuch, alles, was nicht wirklich perfekt ist, aus den Gedanken zu verdrängen. Wenn der Therapeut aber keine kritische Haltung zu erkennen gibt, wird der Patient vermutlich die Zuversicht gewinnen, daß er ihm tatsächlich zu helfen versucht, ohne absichtlich negative Konsequenzen herbeizuführen und ihn womöglich fallenzulassen.

Der Therapeut kann alles Mögliche sagen, das beim Patienten auf Zustimmung oder Ablehnung trifft. Informationen, die er ihm durch verbale Deutungen vermittelt, können sehr aufschlußreich sein und sogar etwas bewußt machen, das zuvor unbewußt war. Damit die therapeutische Arbeit aber Fortschritte erzielt, die beide Beteiligte überzeugen, ist mehr vonnöten als lediglich verbale Zustimmung oder Ablehnung, gleichgültig, ob der mündliche Austausch den Horizont des bewußten Wahrnehmens erweitert hat oder nicht.

Dieses »mehr« ist ein Aspekt der Beziehung zwischen den beiden Beteiligten, nämlich die Art und Weise, wie die gemeinsame Beziehung von Patient und Therapeut erlebt wird. Wir können von einer intersubjektiven Beziehung sprechen. Der Patient erhofft sich, beim Therapeuten Verständnis und Anerkennung zu finden. Verständnis und Anerkennung bedeuten mehr als eine lediglich intellektuelle Einsicht in das Verhalten, die Wünsche, Gefühle und Ziele des Patienten und eine tolerante Haltung ihnen gegenüber. Verständnis und Anerkennung bedeuten auch, daß in die Reaktion des Therapeuten auf sein Verständnis des Patienten ein Teil seiner eigenen Gefühle eingeht, die der Patient dann wahrnehmen und spüren kann und die zeigen, daß die grundsätzlich freundliche und wohlmeinende

Haltung des Therapeuten dessen authentisches Selbst repräsentiert. Keine Schauspielerei und kein Klammern an eine vorgeschriebene Technik der analytischen Responsivität, sondern eine persönliche, aufrichtig respektvolle Spontaneität, die sein Wohlwollen zum Ausdruck bringt.

Erst wenn eine solche Beziehung hergestellt wurde oder in der Entwicklung begriffen ist, kann eine verbale Deutung oder irgendeine andere Art kognitiver intellektueller Einsicht therapeutisch wirksam werden. Allein im Kontext einer solchen reziproken, durch Anerkennung und Verständnis geprägten Beziehung der beiden Beteiligten kann eine verbale Deutung oder auch eine andere Äußerung des Therapeuten als wechselseitig mutatives Moment erlebt werden, das die Behandlung einem gemeinsam vereinbarten Ziel näher bringt.

III.

An diesem Punkt, so nehme ich an, denken die meisten Psychoanalytiker an die Übertragung und die angemessene Deutung von Übertragungsphänomenen, wie sie sich in der Beziehung zwischen Analytiker und Analysand manifestieren. Es ist jedoch wichtig zu erkennen, daß die von mir erläuterte intersubjektive Beziehung zwischen den beiden Beteiligten qualitativ und dynamisch etwas anderes ist als die Übertragungsbeziehung. Präziser formuliert: Übertragung ist die Manifestation von zumeist unbewußten Aspekten von Kindheitserfahrungen und den in Reaktion auf diese Erfahrungen entwickelten Abwehrmustern in der Gegenwart. Wünsche, Gedanken, Gefühle, Verhaltensweisen sowie die Reaktionen und Abwehrmechanismen, die entwickelt wurden, um gegen unlustvolle und destruktive Auswirkungen zu schützen, sind zu einem unbewußten Teil der Erinnerung geworden oder unbewußt geblieben und werden im Hier und Jetzt auf Personen verschoben, zu denen das Individuum aktuell irgendeine interpersonale Beziehung unterhält. Natürlich ist der Therapeut ein vorrangiges Ziel solcher Verschiebungen. Zwar ist es möglich, daß bestimmte reale Verhaltensweisen des Therapeuten solche Übertragungsverschiebungen anregen oder begünstigen, dennoch aber ist daran zu erinnern, daß sie ursprünglich aus vergangenen Erfahrungen herrühren und diese repräsentieren und daß sie keineswegs die Qualitäten und das Verhalten der Person zu erkennen geben, auf die sich die Übertragungen richten. Es besteht eine Diskrepanz zwischen der tatsächlichen Realität der Person, auf welche die Übertragung verschoben wird, und der durch die Übertragung mit bedingten Wahrnehmung dieser Person, denn die Übertragung verändert die Art und Weise, wie sie erlebt wird. Die Deutung dieser Diskrepanz ermöglicht häufig eine exaktere Wahrnehmung der tatsächlichen Realität und verringert den Einfluß, den die verschobene Vergangenheit auf das gegenwärtige Erleben ausübt. Wie ich jedoch bereits betont habe, beruht die Möglichkeit, das Erleben einer Beziehung in eine positive therapeutische Richtung zu verändern, in höherem Maße auf der Realität der Haltung und des Seins des Analytikers als auf den durch die Übertragung hervorgerufenen Verzerrungen. Die erlebte Realität ist einflußreicher als die verbale Erklärung der Übertragung.

Ein weiterer komplizierender Faktor ist die zumeist unbewußte Übertragung des Therapeuten auf den Patienten, die man gewöhnlich als Gegenübertragung bezeichnet. Dem Therapeuten können diese in der Gegenübertragung stattfindenden Verschiebungen eigener Kindheitserfahrungen auf den Patienten teilweise bewußt sein. Darüber hinaus können sie direkte Reaktionen des Therapeuten auf die Übertragungen des Patienten darstellen. Diese Reaktionen hat man oft recht unpräzise als Gegenübertragungen bezeichnet; sie wären mit dem Begriff Gegenreaktionen treffender charakterisiert. Es ist klar, daß jede Gegenreaktion Teil der Art und Weise ist, wie der Patient den Therapeuten tatsächlich erlebt, so daß sie den therapeutischen Prozeß vermutlich in positiver oder aber negativer Richtung beeinflussen wird. Man könnte einwenden, daß bestimmte Gegenreaktionen praktisch unvermeidbar seien und daß die oben als notwendig beschriebene Haltung des Verstehens und der Anerkennung nur einen spezifischen Typ der Gegenreaktion darstelle, der zufällig therapeutisch wünschenswert ist.

IV.

Als wir uns im Sommer 1997 zum letzten Mal in Dreieich gesehen haben, konzentrierten sich unsere Diskussionen auf die Rolle der Deutung in der psychoanalytischen Behandlung. Damals habe ich kurz beschrieben, wie das gesamte Erleben der beiden an der analytischen Situation Beteiligten unausweichlich eine Entwicklung nimmt, die nicht lediglich auf verbale Deutungen zurückgeführt werden kann. Erlauben Sie mir, mich selbst zu zitieren:

»Die Patienten hörten nicht nur die Worte, die ihre Analytiker an sie richteten, sondern nahmen weit mehr wahr. Sie registrierten die Einrichtung seines Behandlungszimmers, seine Kleidung, seine Stimmung, seinen Tonfall und seine Körperhaltung, generelle Einstellungen und vor allem die beabsichtigten oder unbeabsichtigten Enthüllungen über die Einstellungen, die er gegenüber dem Patienten vertrat. Die Analytiker wiederum merkten, wenn sie aufrichtig in sich hinein horchten, daß sie nicht neutral blieben, sondern mitunter starke innere Reaktionen und Affekte verspürten, die der Patient in ihnen auslöste. Kurz: Die Analyse ist kein Prozeß, der sich ausschließlich im Patienten entwickelt; sie ist noch nicht einmal ein Prozeß, den ein außenstehender Beobachter als Geschehen zwischen einem Patienten und einem Analytiker, das heißt als interpersonalen Prozeß, beschreiben könnte. Vielmehr besteht die Analyse aus Erfahrungen, die vom Analysanden und vom Analytiker geschaffen werden. Man kann zu Recht sagen, daß die Erfahrung beider Beteiligter aus einem in Bewußtsein, Intensität und Tiefe begrenzten Gewahrsein für verschiedene Phänomene und Vorgänge besteht, nämlich einem Gewahrsein für 1) die eigenen inneren Gedanken und Affekte, die durch Introspektion zugänglich werden, 2) zu einem geringeren Grad für die inneren Gedanken und Affekte des anderen, die durch stellvertretende Introspektion (das heißt Empathie) zugänglich werden, und 3) für die Anteile der Gedanken und Affekte des anderen, welche die eigene Person betreffen, die für sie ein anderer ist; dies ist der wichtigste und zugleich spekulativste Aspekt, der zugänglich wird, indem sich die eigene Introspektion und die stellvertretende Introspektion mit all dem verbinden, was man über das Selbst und über den anderen weiß. Anders formuliert: Die Erfahrung beider Beteiligter dreht sich nahezu ausschließlich um ihre Beziehung zu einander. Als Psychoanalytiker ringen wir noch immer mit der Aufgabe, diese Erfahrung des wechselseitigen Gewahrseins für das ›Selbst in Gemeinschaft mit dem anderen‹ akkurat zu beschreiben und zu erklären, wie es unsere Gedanken, Gefühle und Handlungen beeinflußt.«

V.

Nachdem ich beschrieben habe, wie die wechselseitig mutativen Momente in der Psychoanalyse erlebt werden, bleibt zu untersuchen, wie Erfahrungen entstehen und wie sie die dynamische Konstellation, die wir als das Selbst zu bezeichnen gelernt haben, verändern – oder anders gefragt: Was macht sie zu mutativen Momenten für das Selbst?

Die oben beschriebene Beziehung, die als wechselseitiges Verstehen und gegenseitige Anerkennung beider Beteiligter in der analytischen Situation erlebt wird und charakterisiert ist durch Kooperation und Zusammenarbeit in einer – für die Wirksamkeit von Deutungen notwendigen – Atmosphäre wechselseitiger Freundlichkeit, wurde von manchen Theoretikern als »therapeutisches Bündnis« oder »Arbeitsbündnis« bezeichnet. Ich muß jedoch an dieser Stelle betonen, daß diese wichtige und notwendige Beziehung ebensowenig wie die Deutung eine alleinige Voraussetzung für den therapeutischen Fortschritt darstellt. Einfach gesagt: Weder Liebe noch Rationalität sind für sich allein ausreichend. Damit Veränderung stattfinden kann – ob eine erwünschte therapeutische Veränderung oder eine weniger erwünschte anti-therapeutische Veränderung – ist zunächst eine regressive Desorganisation des kohärenten Selbsterlebens vonnöten, die man gewöhnlich als Fragmentierung (oder zumindest als Minifragmentierung) bezeichnet und der sich ein Neuarrangement der konstitutiven Aspekte des Erlebens zu einer neuen, kohärenteren und stabileren Konfiguration anschließt.

Ich möchte noch einmal auf die Beschreibung aus dem Jahre 1997 zurückkommen, in der ich erläuterte, daß Kohut, als er das Trieb-Abwehr-Modell noch nicht aufgegeben hatte, optimale Frustrationen als notwendige Veränderung bezeichnete. Dieses Konzept der optimalen Frustration wurde Kohuts Ausgangsbasis für eine metapsychologische Theorie der Strukturbildung in der Kindheit ebenso wie während der Psychoanalyse. »Umwandelnde Verinnerlichung« war der Begriff, mit dem Kohut diesen strukturbildenden Prozeß bezeichnete, als er sich noch um eine Integration von Triebpsychologie und Selbstpsychologie bemühte:

> »Vor der Rücknahme der Objektbesetzung zerfallen jene Aspekte der Objektimago, die verinnerlicht werden. Dieser Zerfall ist von großer psycho-ökonomischer Bedeutung; er bildet die metapsychologische Grundlage dessen, was mit einem der empathischen oder introspektiven Erfahrung näheren Begriff als optimale Frustration bezeichnet wird. Die Grundlagen dieses Prozesses des fraktionierten Besetzungsentzuges von Objekten waren bekanntlich zuerst von Freud (1917a) bei der metapsychologischen Beschreibung der Trauerarbeit dargestellt worden.« (Kohut [1971] 1973, S. 70)

Und weiter:

>»Somit ist der wichtigste Aspekt der frühesten Mutter-Kind-Beziehung das Prinzip der optimalen Versagung (...). Erträgliche Schwankungen des vorher bestehenden (und von außen aufrechterhaltenen) primären narzißtischen Gleichgewichts führen zum Erwerb innerer Strukturen (...).« (ebd., S. 86)

Auch Arlow und Brenner betrachten die Destabilisierung als wünschenswert, wenn sie schreiben:

>»Was Analytiker den Analysanden mitteilen, dient zur Destabilisierung des Gleichgewichtes der inneren Kräfte und führt zu einem wachsenden Verständnis der Analysanden für die Beschaffenheit ihres Konflikts (...).« (Arlow und Brenner 1990, S. 678)

In jüngerer Zeit wurde die gleiche Überlegung auch von Schlesinger formuliert:

>»Eine zwangsläufige Konsequenz der zur rechten Zeit gegebenen und korrekten Deutung besteht in einer Störung der Neurose des Patienten und des analytischen Feldes. Kurzfristig besteht das Ziel des Analytikers darin, genau dies zu erreichen. Es ist von wesentlicher Bedeutung, daß der Analytiker aufmerksam beobachtet, wie sich die Störung entwickelt, daß er diagnostiziert, auf welche Weise der Patient seine Stabilität wiederherzustellen versucht, und dies dann in einer Deutung erklärt.« (Schlesinger 1995, S. 663)

In einem Gespräch mit Schülern aber vertrat Kohut (1975) die Ansicht, daß die durch optimale Frustration hervorgerufene Störung vom Therapeuten nicht absichtlich herbeigeführt werden sollte:

>»Es gibt nie einen Grund – und mit nie meine ich nie – um künstlich traumatisch zu sein. Wenn Sie Ihr bestes geben, ist das traumatisch genug, weil Sie die wirklichen Bedürfnisse nicht erfüllen können. Selbst der einfühlsamste Therapeut hinkt den Bedürfnissen des Patienten hinterher (...). Im allgemeinen erkennt man die Verletzungen und Enttäuschungen des Patienten, wenn er bereits verletzt ist.« (Elson [1987] 1993, S. 100)

Und schließlich spricht Kohut (1984) in seinem posthum veröffentlichten Werk über die Störung, die sich in der analytischen Beziehung bemerkbar macht, wenn der Patient erlebt, daß der Analytiker versagt:

>»(Der Analytiker muß] zeigen, wie, nachdem die ursprünglichen, durch die Angst vor erneuter Traumatisierung durch Empathiefehler des gegenwärtigen Selbstobjekts – in der Selbstobjekt-Übertragung: die Fehler des Analytikers, die sich durch unrichtige, unzutreffende, zum falschen Zeitpunkt gegebene oder unsensible Deutungen manifestieren – motivierten Widerstände überwunden worden waren(...). Kurz gesagt, er muß zeigen, daß die ruhig stützende Matrix, welche die spontan hergestellte Selbstobjekt-Übertragung auf den Analytiker liefert, die in den frühen Phasen der Analyse eintritt, immer wieder durch die unvermeidlichen, aber nur zeitweiligen und dadurch nicht trau-

matischen Empathiefehler des Analytikers unterbrochen wird – d.h. durch seine ›optimalen Versagungen‹«. (Kohut [1985] 1989, S. 105)

Kohut erläutert auch, auf welche Weise optimale Versagungen den
Aufbau neuer Strukturen ermöglichen:

> »Auf jede optimale Versagung folgt eine Zunahme in der Elastizität des Patienten
> gegenüber Empathiefehlern, sowohl innerhalb als auch außerhalb der analytischen
> Situation; das heißt, daß jedesmal optimale neue Selbststrukturen erworben und
> existierende verfestigt werden.« (ebd., S. 108)

Wir haben, zusammengefaßt, gesehen, daß sich Kohut auf Freuds
Konzept der Strukturbildung durch die Trauer stützte und davon
ausgehend sein Prinzip der optimalen Versagung als Vorbedingung
der Strukturbildung entwickelte. Als er die traditionelle Trieb-Abwehr-
Theorie nach und nach zugunsten einer auf Selbstobjekt-Beziehungen
beruhenden Theorie des Selbst aufgab, verlagerte Kohut die Betonung von der optimalen Frustration auf optimale Versagungen der
Selbstobjekt-Beziehung und die damit verbundene Unterbrechung
der Beziehung. Die Wiederherstellung dieser Unterbrechung bahnt
dann den Weg zur Rehabilitation, indem das fragmentierte Selbst zu
einer neuen und stärkeren Konfiguration umstrukturiert wird.

VI.

Die klassische Theorie beschreibt die dynamische Wirkung einer
Deutung des Unbewußten als Internalisierung. Ich versuche, Wörter
wie »internalisieren« zu vermeiden, weil der Begriff unzulänglich definiert ist und ich nicht genau verstehe, welche bewußten und unbewußten Vorgänge mit ihm verbunden werden. Natürlich verstehe ich,
daß »Internalisierung« Vorgänge beschreibt, zum Beispiel daß eine
von außen gegebene Deutung, die bewußt wahrgenommen, aufgenommen, wird, einen Effekt auf das Unbewußte ausübt, wo sich dann
infolge der gegebenen und internalisierten Deutung eine Veränderung vollzieht. Meiner Meinung nach ist damit aber lediglich das
Endergebnis bezeichnet, nicht die Art und Weise, wie diese Internalisierung vonstatten geht. Vielleicht beschreibt Freud die Dynamik
jener Veränderung, die man als Internalisierung bezeichnet. Wenn es
sich so verhält, dann habe ich es vergessen, und ich werde nicht

versuchen, die Stelle aufzuspüren. Kohut sprach über optimale Frustration und umwandelnde Verinnerlichung. Aber er klärte weder, warum eine Verinnerlichung stattfindet, noch warum sie verändernd wirkt. Ist nicht das Unbewußte ein Bereich, ein Gebiet, mit Grenzen, die nicht leicht zu durchdringen sind? Wie gelangt man hinein? Wie dringt etwas, das ich zu dem Patienten sage und das er bewußt hört, in sein Unbewußtes vor?

Da es keine eindeutige Erklärung für die Art und Weise gibt, wie man das Unbewußte eines anderen beeinflussen kann, habe ich meine eigene Erklärung erarbeitet. Ich möchte sie in der Sprache der Selbstpsychologie formulieren, bin mir aber sicher, daß man sie mühelos auch in die Sprache der Ichpsychologie oder in die klassische freudianische Sprache übersetzen kann.

Ich stelle mir das Selbst nicht als Struktur vor, nicht als einen spezifischen Bereich der Psyche, sondern als eine Organisation der Erinnerungsspuren eines bestimmten Typs, einer bestimmten Art von Erfahrungen. (Mir ist klar, daß all dies lediglich Metaphern sind, aber Metaphern sind meiner Meinung nach die einzige Möglichkeit, wie wir über die Psyche sprechen können.) Ein Neugeborenes oder sogar ein Fetus hat sensorische Erfahrungen. Diese Erfahrungen werden irgendwie (ich weiß nicht, wie, denke aber, daß wir dies im Moment auch nicht unbedingt wissen müssen) im Nervensystem, wahrscheinlich vor allem im Gehirn, aufgezeichnet. Eine der wichtigsten Hirnfunktionen scheint darin zu bestehen, die eintreffenden Sensationen, Stimuli, Wahrnehmungen usw. zu ordnen. Wiederholte identische Inputs werden wiedererkannt und entsprechend klassifiziert. Wiederholte Inputs, die einander ähneln, werden als ähnlich klassifiziert. Inputs aus der Außenwelt (Extrospektionen) werden als äußere klassifiziert, Inputs von innen (Introspektionen) als innere, manche werden als schmerzvoll, manche als lustvoll klassifiziert usw. Man könnte dies auch anders beschreiben und sagen, daß das Gehirn diesen erlebten Wahrnehmungen Bedeutung zuschreibt, Bedeutung an sie bindet oder in sie hinein liest. Eine bestimmte Gruppe dieser auftauchenden Erfahrungen gehört zum Selbst, andere gehören zum Nicht-Selbst. Die verschiedenartigen, zum Selbst gehörenden Erfahrungen werden zu einer umfassenden Integration von Selbsterfahrungen organisiert, die insgesamt als kohärente Selbsterfahrung erlebt werden und als ein Selbst konzeptualisiert werden können. Mir scheint es aber wichtig, sich dies nicht als Struktur, sondern als eine Organisation von Erfahrungen vorzustellen. Da viele und wahrscheinlich die meisten der Erfahrungen, die zu einem Selbstgefühl organisiert werden, ihren Ursprung außerhalb des Individuums haben, beruht das entstehende Selbstgefühl ebenso auf dem Umweltkontext wie auf der Ausstattung, mit der das Individuum geboren wird. Die von außen stammenden Erfahrungen üben auf die Entwicklung einen direkten und sogar richtungsweisenden Einfluß aus. Daher ist die Entwicklung von der Außenwelt ebenso abhängig wie von der angeborenen Ausstattung, und das sich entwickelnde Gefühl des Selbsterlebens hängt folglich zu einem beträchtlichen Grad von dem Input solcher Erfahrungen ab, die der Außenwelt entstammen. Mit anderen Worten: Das auftauchende Selbst ist seiner spezifischen Umwelt von vornherein angepaßt. Da das Selbst aus den Erfahrungen besteht, die es konstituieren und die zu einem kohärent integrierten Selbstgefühl organisiert wurden, ist das Selbstgefühl des Säuglings an das Milieu, das heißt an das Ambiente angepaßt, das von den Eltern und anderen Bezugspersonen geschaffen wird. Dies hat zur Folge, daß bestimmte Entwicklungspotentiale gefördert und angeregt werden, während andere unbeachtet bleiben und ohne Stimulierung atrophieren (verschwinden). Jedes heranreifende Selbst ist mit seiner angeborenen Ausstattung, die durch die hinzukommenden äußeren Erfahrungen und durch die Entwicklung und Nichtentwicklung (Atrophie) von Potentialen modifiziert wird, ein einzigartiges Selbst.

In der Selbstpsychologie interessieren uns vor allem jene Erfahrungen, die zum Auftauchen, zur Aufrechterhaltung und zur Modifizierung des Selbstgefühls führen. In der Vergangenheit haben wir sie als Selbstobjekte bezeichnet, weil wir sie als Objekte konzeptualisierten, die das Selbst in diesem Sinn prägten. Aber nicht sämtliche dieser Erfahrungen sind Objekte. Es gibt symbolische Erfahrungen, die für Objekte stehen, zum Beispiel das Musikerleben und andere künstlerische Erfahrungen. Kohut hat vier verschiedenartige Selbstobjekt-Erfahrungen beschrieben (spiegelnde, idealisierende, Alter-

Ego- und Verschmelzungserfahrungen); drei weitere Typen (aversive, die Effektanz betreffende und vitalisierende Selbstobjekt-Erfahrungen) wurden im Gefolge von Kohuts ursprünglichen Definitionen beschrieben. Mehr darüber zu einer anderen Zeit.

In der Psychoanalyse entwickelt sich eine Beziehung zwischen dem Analytiker und dem Analysanden. Aufgrund der spezifischen Struktur, das heißt des Erlebens der analytischen Situation (regelmäßige Sitzungen, Frequenz, relative Ruhe, Stille, eingestimmte Responsivität, geschützte Vertraulichkeit usw., die eine besondere Form der Entspannung begünstigen), überlassen sich beide Beteiligte einer gewissen Regression, die zu einem bestimmten Grade mit einer Desorganisation ihres Selbsterlebens verbunden ist. Wenn alles gut geht, wird der Analysand stärker regredieren als der Analytiker. Mit der Regression des Selbsterlebens verbunden ist ein bestimmtes Maß an Desintegration der konstituierenden Erfahrungen, die das Selbsterleben determinieren. Sie ermöglicht eine genauere wechselseitige Abstimmung der beiden Beteiligten, eine geschärfte Aufmerksamkeit für das Erleben des anderen, die durch ein bewußtes Bemühen um empathische Wahrnehmung (wie sie als stellvertretende Introspektion definiert ist) noch gesteigert wird. Der Wunsch oder sogar das Bedürfnis, sich verstanden und anerkannt zu fühlen, scheint in der normalen Natur des Individuums zu liegen. Eine solche Erfahrung, verstanden und anerkannt zu werden, stärkt die Integration des Selbsterlebens; wenn diese notwendige Erfahrung fehlt, wird das Selbsterleben geschwächt, weitere Regression und Desorganisation, Desintegration, Fragmentierung (entscheiden Sie selbst, welcher Begriff Ihrer Meinung nach am besten zutrifft) des Selbsterlebens in seine konstitutiven Bestandteile, die ursprünglich integriert waren und das Selbsterleben organisierten, werden gefördert. Eine solche Desorganisation ist schmerzhaft und mobilisiert das Bedürfnis nach erneuter Integration und einer erneuten Erfahrung, verstanden und akzeptiert zu werden. Die Reintegration findet statt, wenn die konstitutiven Teile in Anpassung an das gegenwärtig vorherrschende, vom Analytiker und von der Analyse geschaffene Ambiente neu arrangiert werden: Die neu konstituierte Organisation des Selbsterlebens ist der gegenwärtigen Situation besser angepaßt als die alte Organisation, die in der Kindheit aufgebaut und dann weiterentwickelt wurde.

Anders formuliert: Das alte Selbst mußte eine disruptive Erfahrung durchlaufen, die eine Regression auslöste, welche dann wiederum durch Anpassung an die aktuelle analytische Erfahrung aufgearbeitet werden konnte und den Aufbau einer neuen, besser angepaßten Organisation des Selbsterlebens zur Folge hatte. Man könnte eine Reihe von Bedingungen beschreiben, die notwendig sind, damit eine solche therapeutische Veränderung stattfinden kann. Aber auch dies muß vorerst warten.

Übersetzung: Elisabeth Vorspohl

Literatur

Arlow, J. A., und Brenner, C. (1990): The psychoanalytic process. Psychoanalytic Quarterly 59: 678-692

Dorer, M. (1932): Historische Grundlagen der Psychoanalyse. Leipzig (Felix Meiner).

Elson, M. (1987): Auf der Suche nach dem Selbst. München (Pfeiffer) 1993.

Freud, S. (1912b): Zur Dynamik der Übertragung. Gesammelte Werke, Bd. VIII, S. 364-374.

Freud, S. (1916-17g): Trauer und Melancholie. Gesammelte Werke, Bd. 10, S. 428-446.

Kohut, H. (1971): Narzißmus. Frankfurt am Main (Suhrkamp) 1973.

Kohut, H. (1985): Wie heilt die Psychoanalyse? Frankfurt am Main (Suhrkamp) 1989.

Pestalozzi, R. (1956): Sigmund Freuds Berufswahl. Neue Zürcher Zeitung, Fernausgabe 179 (1. Juli 1956).

Schlesinger, H. J. (1995): The process of interpretation and the moment of change. Journal of the American Psychoanalytic Association 43: 663-688.

Wolf, E. S. (1999): Deutung und Unterbrechung. In: W. Milch & H.-P. Hartmann (Hg.): Die Deutung im therapeutischen Prozess. Giessen (Psychosozial), S. 71-87.

Selbst, Werte und Ideale in der Regulation des Verhaltens[1]

Ernest S. Wolf

Überich ist ein in der Psychoanalyse verwendeter Ausdruck für die Struktur, die die Ambitionen, Werte, Ideale und Hemmungen einer Person enthält. Es liegt sehr nahe bei dem, was in der Alltagssprache das Gewissen einer Person genannt wird. Freud sagte: »Es (Das Überich) ist auch der Träger des Ichideals, an dem das Ich sich mißt, dem es nachstrebt, dessen Anspruch auf immer weitergehende Vervollkommung es zu erfüllen bemüht ist« (1933, S. 71). – Um mich innerhalb der Zeitvorgabe dieses Vortrages zu bewegen, möchte ich nun direkt in die Diskussion eines selbstpsychologischen Ansatzes zum Verhalten und zur klinischen Praxis über deren Verhältnis zu Werten und Idealen eintreten. Aber lassen Sie mich vorher betonen, daß meine fokale Betonung des beziehungsorientierten Selbst nicht bedeutet, daß ich die Existenz anderer peripherer Faktoren verleugne, wie sie bei Manifestationen von Aggression und Sexualität identifiziert wurden.

Die zeitgenössische psychoanalytische Selbstpsychologie ist nicht eine Theorie von Strukturen, sondern versucht Erfahrungen zu konzeptualisieren. Es wäre irreführend und daher unangemessen, wollte man strukturelle Termini wie Es, Ich und Überich in der Selbstpsychologie verwenden. Die für Kohuts Rekonzeptualisierung charakteristische fundamentale Transformation liegt in der Abwendung von der traditionellen Beschäftigung mit Trieben, Objekten und Strukturen hin zu einem unmittelbareren Interesse an bewußten und unbewußten subjektiven Erfahrungen von sich selbst, von anderen und der Beziehungen zwischen beiden. Allerdings lassen sich innere Erfahrungen nur mit Hilfe nicht-exklamatorischer Sprache oder deren Metaphern denken, aussprechen oder beschreiben. Wie

Freud sagte: »In der Psychologie können wir nur mit Hilfe von Vergleichungen beschreiben« (1926, S. 222). So sprechen wir z. B. immer noch über die Struktur unseres Selbst, wenn wir in Wirklichkeit die Organisation unserer Selbst-Erfahrungen meinen. Das Selbst, d. h. die Erfahrung vom Selbstsein, entsteht als Resultat der kohärenten Organisation von Erfahrungen, die wir Selbstobjekterfahrungen nennen.

Werte

Die Konzeption von Werten ist der zentrale Punkt meines heutigen Vortrages. Da wir in der Selbstpsychologie keine Strukturen wie das Überich anerkennen, mag man sich berechtigterweise fragen, wie unsere Selbst-Erfahrung durch Werte beeinflußt werden kann. Wir alle haben Werte und Ideale. Wir bewundern das Gute und verabscheuen das Schlechte, aber ich scheue mich davor, diese Erfahrungen irgendeinem strukturellen Ort zuzuordnen. Kohut (1984) hat allerdings einen solchen Ort explizit genannt, den idealisierten Pol des Selbst, ein Gebiet, welches er in seiner frühen Theoriebildungsphase mit dem Überich verglich.

Gestörte Idealisierung

Der Säugling benötigt u. a. für die Entstehung und Behauptung seines Selbst essentielle Erfahrungen von bewunderten anderen, die wir idealisierte Selbstobjekterfahrungen genannt haben. Das Kind schaut zu seiner Pflegeperson auf und kann durch einen Prozeß des Verschmelzens und der Identifikation an der seligen Erfahrung überwältigender Kraft, wunderbarer Weisheit und glückstrahlender Schönheit, die vom anderen ausströmen, teilhaben. Die assoziierten Affekte und ein Sehnen nach deren Kontinuität werden zu einem basalen Faktor in der entstehenden Selbsterfahrung. Sie verleihen ihr sowohl ein Gefühl von Vitalität als auch idealisierte Ziele, die das lebenslange Bemühen nach Erfüllung begleiten.

Auf der anderen Seite wird das ganze Selbst durch Störungen in der normalen Entwicklung geschwächt, wenn falsche oder defizitäre

Selbstobjekterfahrungen gemacht werden. Ein geschwächtes Selbst ist prädestiniert für Disorganisation, die das Überleben problematisch werden lassen kann. Das geschwächte Selbst ist gezwungen, defensive Notmaßnahmen zu entwickeln, z. B. Verleugnung seines prekären Zustands oder die Mobilisierung supersensitiver und achtloser Aggression oder anderer Verhaltensweisen, um die Kohäsion und Kontinuität zu schützen. Ich werde dies mit einigen klinischen Vignetten illustrieren.

Vignette

Eine junge verheiratete Frau berichtet von einem Traum, in dem ihre Mutter sie pervers nannte und sie danach verließ. Sie war sehr aufgeregt wegen dieses Traumes, da sie ihn in Verbindung mit einem Ereignis vor einigen Jahren brachte, als sie als jugendliche Babysitterin tatsächlich mit den Genitalien eines ihr anvertrauten drei Jahre alten Kindes gespielt hatte. Nie zuvor hatte sie darüber in der Behandlung gesprochen. Sie hatte diesen Traum kurz nachdem sie, wegen ihrer Forderung, an diese bei ihrer Therapeutin kritische, vielleicht sogar ärgerliche Reaktionen bemerkt hatte. Kennzeichnend für die Vergangenheit der Patientin war eine alkoholkranke Mutter, die die Patientin als Kind zeitweise in ähnlicher Weise berührt hatte.

Die Erfahrung der Patientin mit ihrer Mutter war eine komplexe Mixtur von einerseits intensiver Beachtung ihrer Selbstobjektbedürfnisse nach Anerkennung und Bestätigung und andererseits brutaler Ausbeutung und Mißbrauch gewesen. Ihr Selbstzustand war daher chronisch fragil, so daß sie sich ständig nach dem dringend benötigten Verständnis sehnte, aber unfähig war, stärkende Bestätigung von sexueller Ausbeutung zu unterscheiden. Die Anforderungen an sie als die jugendliche Babysitterin waren in überwältigender Weise desorganisierend. Durch Identifizierung mit der Dreijährigen und deren Berührung so wie sie berührt worden war, versuchte sie, den beruhigenden Aspekt früher Erfahrungen wieder aufleben zu lassen. Als Erwachsene reagierte sie auf die Erfahrung der Zurückweisung durch ihre Therapeutin bei ihrem noch vorhandenen fragilen Selbst mit ähnlich sehnsüchtigen Bestrebungen. Aber die Stärke, die sie durch die Behandlung gewonnen hatte, erlaubte ihr das Ausagieren des Konfliktes zwischen ihren Bedürfnissen nach Beruhigung und ihrem Ideal, sexuell normal zu sein, zu vermeiden, wobei sie ihren konfliktbeladenen Selbstzustand anhand des Traumes illustrierte.

Klinische Illustration: früher Elternverlust

Die plötzliche Enttäuschung durch ein idealisiertes Selbstobjekt oder dessen Verlust wird als Schwächung und Verletzung des Selbst erfahren. Z.B. reagieren Kinder auf den plötzlichen Tod eines Elternteils mit fast totaler Verleugnung, um ihr Selbst zu schützen. Das Kind empfindet den Tod nicht nur als ein aufgegeben Werden seiner Person, sondern als die inakzeptable Schwäche und das unzulässige Versagen des toten Elternteils. Das Aufkommen eines unerträglichen Panikzustandes als Folge der Desorganisation der Selbsterfahrung wird befürchtet. »Wie konntest Du erlauben, daß Dir dies geschah«, so lautet die vernichtende Frage, die plötzlich die Idealisierung zerstört. Außer zur Zeit der altersangemessenen Entidealisierung während der Adoleszenz werden die Eltern normalerweise nur sehr graduell und deshalb ohne dramatischen Effekt auf das Kind entidealisiert. Allerdings zeigen Forschungen an Kindern mit frühem Elternverlust lebenslange abträgliche Effekte auf die Persönlichkeitsentwicklung. Oft werden eine Abnahme schulischer Leistung, unerlaubtes Fernbleiben von der Schule und Stehlen als Folge des Verlustes beobachtet. Die durch Deprivation hervorgerufene Schwäche des Selbst resultiert in einem unerwünschten Verhalten, welches z.B. beabsichtigt, die als Selbstwert erfahrene Stärke des Selbst wiederherzustellen. Sogar Akte willentlich hervorgerufener Selbstverletzung, wie z.B. sich zu schneiden, zu verbrennen oder verhungern zu lassen sind meist nicht durch Affekte von Schuld oder Scham hervorgerufen, sondern sollen durch die Schaffung intensiven Schmerzes verhindern, sich tot zu fühlen.

Erhaltung der Person versus Selbst-Erhaltung

Das Selbst handelt, um die Kontinuität seiner Existenz zu sichern. Zumindest unbewußt scheint es ein Wissen darüber zu geben, daß die Kontinuität eines gesunden Selbst von der Versorgung mit mindestens minimaler kontinuierlicher Selbstobjekterfahrung einhergeht. Alle Arten von Verhalten, von Freundlichkeit und Leidenschaft bis zu anderen Extremen wie Indifferenz, Haß und Zerstörungswut können im Dienst der Erhaltung der benötigten Selbstobjekterfahrungen stehen. Der Inhalt der leitenden moralischen Werte stammt von der Idealisierung signifikanter Selbstobjekte, was z.B. Werte von Gruppen einschließt, mit denen man sich identifiziert. Die Macht dieser Werte bezüglich des Verhaltens hängt allerdings weniger von dem Bedürfnis ab, seine Person zu erhalten, sondern davon, die Selbst-Erfahrung zu erhalten oder wiederherzustellen.

»Unter bestimmten Umständen wird der Tod überhaupt nicht gefürchtet (...).Wenn eine Person ihr totales Selbst an ein Ideal abgegeben hat (...) wenn eine Person zu so etwas fähig ist, dann wird sie ohne eine Spur von Furcht sterben, sogar tatsächlich mit stolzem Gefühl. Sie weiß, daß sie ihr wirkliches Selbst gestützt hat, das weiterleben wird. – Als die Spartaner an den Thermopylen starben, war die berühmte Inschrift: ›Fremder, nimm Sparta beim Wort: hier liegen wir, ihren Befehlen gehorchend.‹ Sie verloren ihr Leben, aber nur ihr Leben. Das war ihr Gefühl. Wenn man nur in Begriffen von Biologie denkt, haben sie natürlich ihr Leben verloren. Denkt man aber in Begriffen von Psychologie, dann haben sie ihr Selbst nicht verloren. Sie lebten weiter in den Gewohnheiten, dem Standard, den ethischen Maßstäben des spartanischen Stadtstaates. Dies ist ein Beispiel, wo die innere Verbundenheit zu dem Ideal die Furcht vor dem Tod übertrifft«. (Kohut, 195, S. 263-64)

Schädlicher als einzelne schwere traumatische Verletzungen des Selbst sind die Effekte subtiler, aber chronischer Erfahrung vom geschätzten Selbstobjekt zurückgewiesen oder nicht beachtet zu werden. Es ist unerträglich, sich total hilflos gegenüber solchen Angriffen auf das Selbstwertgefühl zu fühlen. Die reaktive narzißtische Wut beabsichtigt die Hilflosigkeit durch achtloses Verhalten unbegrenzter Gewalt wieder aufzuheben, sowohl individuell als auch in Gruppen (Wolf 1988, S. 104-113).

Gestörtes Erwachsenenverhalten zeigt charakteristische Merkmale, die den Betroffenen meist völlig unbewußt sind: 1. Die Übertragung der kindlichen Bedürfnisse, Ängste und deren schützende Manöver, wie sie für das Kind angemessen waren, aus der Vergangenheit in die Erwachsenensituation. Dort werden sie 2. durch Handlungen von anderen oder auch durch deren Unterlassen, die vom Betroffenen als eine enttäuschende Selbstobjekterfahrung wahrgenommen wird, in Form von für Erwachsene unangemessenem Verhalten wieder provoziert. Auf diese Weise wird die Erfahrung des Individuums seiner oder ihrer archaischen Geschichte, die sich in den Werten, die für die frühesten Monate oder Jahre des Lebens angemessen waren, in all ihrer emotionalen Stärke auf der Bühne des jetzigen Lebens wieder in Szene gesetzt. Solch ein Verhalten ist nicht nur jenseits des Lustprinzips, sondern auch jenseits jeden vernünftigen Strebens des Individuums, zu überleben und zu gedeihen: Es steht, bewußt oder unbewußt, im Dienst einer kontinuierlichen, kohärenten und vitalen Selbsterfahrung, die nach Erfüllung strebt, während sie in ständigem Konflikt mit allen anderen Überlegungen steht.

Die Lebenskurve und ihr Plan

Eine andere Quelle des Einflusses auf Verhalten wurde ebenfalls mit der Entwicklung der selbstpsychologischen Theorie und klinischen Praxis klarer. »Wenn das Selbst sich in der Wechselbeziehung von ererbten und Umweltfaktoren einmal kristallisiert hat, strebt es nach der Verwirklichung seines eigenen spezifischen Handlungsprogramms – eines Programms, das bestimmt wird durch das spezifische innere Muster seiner Bestrebungen, Ziele, Fertigkeiten und Begabungen und durch die Spannungen, die zwischen diesen Bestandteilen entstehen. Die Muster von Bestrebungen, Fertigkeiten und Zielen; die Spannungen zwischen ihnen, das Handlungsprogramm, das sie schaffen, und die Aktivitäten, die nach der Verwirklichung dieses Programms streben, sie alle werden als kontinuierlich in Zeit und Raum erlebt – sie sind das Selbst, ein unabhängiges Zentrum von Antrieben, ein unabhängiger Empfänger von Eindrücken« (Kohut und Wolf 1978, S. 99).

»Das Selbst, sei es im Sektor seiner Ambitionen oder im Sektor seiner Ideale, sucht nicht nach Lust durch Stimulation und Entladung; es strebt nach Erfüllung durch die Realisierung seiner Kernambitionen und Ideale. Seine Erfüllung bringt nicht Lust, sowie die Befriedigung eines Triebes, sondern Triumph und das Glühen vor Freude. Und seine Blockierung ruft nicht ein Signal von Angst hervor, z.b. Kastrationsangst – eine Angst, die den Verlust des Penis als der hervorragenden Quelle von Lust betrifft, sondern die Antizipation von Verzweiflung (z.b. von Scham und leerer Depression). Es handelt sich um eine antizipatorische Verzweiflung im Hinblick auf das Niedergeschmettertwerden des Selbst und der ultimativen Niederlage seiner Ziele« (Kohut 1975, S. 757).

In diesem Kontext bezieht sich Erfüllung auf ein inneres Programm, das die Ziele des sich entwickelnden Selbst ausdrückt. Dies geschieht nach dem in einem bestimmten Muster ablaufenden Prozeß wie er in den Ambitionen und Idealen zur Zeit des Auftauchens des Selbst als dauerhafte Erfahrung niedergelegt ist.

Störungen der Lebenskurve war mein Begriff für eine Gruppe von Bedingungen, die beim unerfüllten Selbst gegen jegliche Hindernisse auftreten, sogar um den Preis fragwürdigen Verhaltens nach sozialer oder moralischer Beurteilung. Diese Störungen werden durch eine Kollision mit der Erfüllung der Selbstziele heraufbeschworen oder durch die Unzulänglichkeit des Selbst, wie z.B. Schwäche, die zur Aufgabe langfristiger Überlegungen zugunsten sofortiger Gratifikation führen.

Vignette

Dieser 45jährige erfolgreiche Geschäftsmann kam in Behandlung, weil er glaubte, daß mit ihm etwas nicht stimmte, da er keine langfristigen Beziehungen zu Frauen halten konnte. Seine mehr als 20jährige Ehe schien kurz vor dem Auseinanderbrechen. Er habe sich seiner Frau nie wirklich nahe gefühlt und sie beklagt sich, daß er kalt und distanziert sei. Er frage sich, ob sie nicht Recht damit habe, daß er wenig gefühlvoll und auf die Beziehung eingestellt sei. Trotz dieser Schwierigkeiten kamen sie im Allgemeinen gut mit einander aus, pflegten ein befriedigendes Sexualleben und teilten das Interesse an ihren beiden Kindern. Kürzlich hatte er sich aber in eine 20 Jahre jüngere Frau vernarrt, die er bei einem Sportereignis kennengelernt hatte und war zu Hause ausgezogen, um mehr Zeit mit ihr verbringen zu können. Es war ihm bewußt, daß er außer einem sexuellen, kein Interesse an der jungen Frau hatte, die intellektuell nicht sein Niveau hatte. Die Beziehung zu ihr dauerte nur ein paar Monate, aber seitdem hatte er eine Reihe von Affären mit jungen Frauen gehabt. Alle diese Beziehungen waren oberflächlich und vorübergehend, aber mit einem gemeinsamen Nenner – im Unterschied zu seiner Frau -, daß alle ein Interesse an Camping, Reiten, Fahrradfahren, Segeln, Tauchen und Sport mit ihm teilten, kurzum am körperlich aktiven Leben im Freien.

Im Laufe der allmählichen Rekonstruktion seiner Geschichte wurde klar, daß sein Interesse an einem körperlich aktiven Lebensstil, das ihn mit einem Gefühl freudiger Erregung erfüllt hatte, früh in seiner Jugend entstanden war. Zu dieser Zeit hatte er sich durch die Ängstlichkeit seiner schon etwas älteren Eltern unterdrückt und herabgewürdigt gefühlt. Sein aktiver Lebensstil von körperlich anstrengender Betätigung im Freien schien eine Reaktion auf die Atmosphäre übertriebener Vorsicht im Elternhaus zu sein. Er konnte dadurch eine Selbst-Erfahrung von Unverletzbarkeit durch die Verschmelzung mit der unendlichen Macht und Schönheit der Natur wiederherstellen, einer bestimmten Variante einer idealisierenden Selbstobjekterfahrung, eng verwandt mit religiösen Erfahrungen, in denen das Selbst sich als verschmolzen mit dem idealisierten Selbstobjekt erlebt. Während der Anfangsjahre seiner Ehe war er wegen der zeitlichen Anforderungen für den Aufbau seines Unternehmens und der familiären Verantwortung gezwungen, diese Aktivitäten zu beschneiden. Seine erreichten Leistungen und deren Anerkennung reichten als Quelle für sein Selbstwertgefühl aus. Die Anforderungen aus Geschäft und Familie nahmen aber nach und nach ab. Jetzt hatte er sowohl die Zeit als auch die Mittel, sich voll dem aktiven Leben im Freien zuzuwenden, nach dem er sich immer gesehnt hatte. Da es ihm nicht gelang, das Interesse seiner Frau dafür zu wecken, wurde er etwas depressiv und zurückgezogen, wenn er nicht von zuhause fort und mit seinen verschiedenen Aktivitäten beschäftigt war.

Kommentar zum Fall:

Man könnte darüber spekulieren, wie man die Dynamik dieses Falles in traditionellere Termini fassen würde. Klassische Analytiker hätten wahrscheinlich die Unterdrückung seines jugendlichen Überschwangs durch seine Eltern als bedingt durch eine Kastrationsdrohung gesehen, die ihn die meiste Zeit seines Erwachsenenlebens mit schwächender Mißbilligung begleitet hatte. Er funktionierte zwar gut, war aber etwas depressiv. Seine defensive Charakterstruktur wurde aber plötzlich durch das momentane Ausagieren von basalen libidinösen Impulsen umgeworfen, als seine Abwehrstrukturen unter Umständen geschwächt waren, die das Ausagieren förderten, wie z.B. Alkohol und dem Kontakt mit einer ungewöhlich verführerischen Frau. Sobald die Tyrannei des Überichs überwunden war, gewannen die lange unterdrückten Kräfte für einige Jahre die Oberhand, bis die Abwehrstrukturen in der Behandlung wiederhergestellt wurden.

Wie würde man diesen Fall in Termini »traditioneller« Selbst-Psychologie fassen? Eine Idealisierung der Natur als benötigte Selbstobjekt-Erfahrung nahm den von den Eltern enttäuschten Platz ein, besonders den des schwachen, feigen Vaters, dessen Versagen ihn als Quelle benötigter Idealisierungsbedürfnisse disqualifizierten. Vegetarier zu sein, drückte seine Identifikation mit der Macht und dem Guten im Leben der Tiere aus. Einen anderen Ersatz für das enttäuschende archaisch idealisierte Selbstobjekt fand er in seinem Unternehmen. Durch sein großes Talent war er in der Lage, die Produkte seiner Vorstellungswelt in kommerziell herausragende Erfolge zu verwandeln. Gemeinsam mit einigen anderen Künstlerkollegen gründete er eine national bekannte Gesellschaft, die sich zu einem der großen Unternehmen auf diesem Gebiet entwickelt hatte. So erhielt er durch die Firma, seine Partner und den Produkten seiner Arbeit die nötigen Selbstobjekt-Erfahrungen verschiedenster Art. Mit der Zeit erforderte das Geschäft immer weniger Aufmerksamkeit und wurde dadurch weniger befriedigend. Analog wurden ähnlich befriedigende Beziehungen zu seinen Kindern schwächer, in dem Maß wie diese heranwuchsen und ihn nicht mehr brauchten. Seine Frau hatte allmählich ihre eigene Interessenwelt entwickelt, die ihm ziemlich gewöhnlich erschien. Als Quelle spiegelnder Selbstobjekt-Erfahrungen war sie nun weniger verfügbar, wobei ihr Engagement in für ihn trivialen Interessen, sie des idealisierten Glanzes beraubte, den sein Selbst im spiegelnden Selbstobjekt zu sehen hoffte. Die abnehmende Qualität der benötigten Idealisierung als auch der spiegelnden Selbstobjekt-Erfahrungen resultierte im Verlust von Kohäsion und Vitalität seines Selbst. Die Verfügung durch die junge Frau überraschte ihn und zerstörte etwas das selbstzufriedene Bild, das er von sich gehabt hatte. Sein Selbst fragmentierte mit einem Verlust an Selbst-Kohäsion und der Selbst-Erfahrung, sich fast wertlos zu fühlen.

Ich möchte nun ein anderes Konzept bezüglich der Verlaufsrichtung der Lebenskurve vorstellen, welches mir genauso wichtig zu sein scheint. Zu der Zeit, als sein kohäsives Selbst in seiner endgültigen Form während der Latenzzeit auftauchte, war er wegen der Schwäche seines Vaters und dessen besonders feiger Vorsichtigkeit schwerst enttäuscht. Diese führte für ihn zu lästigen Restriktionen. Er kompensierte das durch eine idealisierte Verschmelzung mit der Natur. So sollte diese spezielle Konfiguration von Ambitionen und Idealen, die in sein neu aufgetauchtes kohäsives Selbst eingebaut waren, ein integraler Bestandteil seines Selbst werden und in einen Lebensplan oder eine Lebenskurve einmünden, wo er mit der Großartigkeit des Universums verschmelzen konnte. Diese Verlaufsrichtung bezüglich des Gefühls von Erfüllung hatte er immer im Hinterkopf, aber die Anforderungen des täglichen Lebens und das übliche jugendliche Gefühl, für immer leben zu können, verschoben immer wieder das versteckte Bedürfnis nach Erfüllung. Als er seine Lebensmitte erreicht hatte, wurde ihm plötzlich die Endlichkeit des Lebens, seine Sterblichkeit, bewußt; mit anderen Worten, er geriet in eine Midlife-Krise mit den üblichen Symptomen. Ich bin mir nicht sicher, was das auslösende Ereignis war, das ihm seine Sterblichkeit bewußt machte. Möglicherweise war es die plötzliche Begegnung mit der jungen Frau, 25 Jahre jünger als er, in ihrer strahlenden lebendigen lidbidinösen Vitalität. Was auch immer der Grund für seine Krise gewesen sein mag, ihm wurde bewußt, daß nur eine endliche Zeit übrig war, möglicherweise nicht genug, um das Ziel seiner Lebenskurve zu erreichen. Dadurch bekam das Leben der Natur, die Großartigkeit des Universums und seines eigenen Körpers eine unmittelbar dringende Notwendigkeit. Dies entfernte ihn von seiner Frau und Familie hin zu einer Folge von Beziehungen mit jungen Gleichgesinnten. In dem Maße, wie er sich in Harmonie mit seiner Lebenskurve ausagierte, verschwand die Depression. Es gibt viele Fälle von Depression in der Lebensmitte, die in Verbindung mit dem plötzlichen Bewußtsein der Endlichkeit des Lebens und dem Verschwinden der Möglichkeiten, seinen Lebensplan zu verwirklichen, zusammenhängen. Es besteht eine Diskrepanz zwischen dem, wonach man in seiner Lebenskurve strebt, und dem, was man hat und wirklich erreichen kann. Diese Diskrepanz wird als Defekt des Selbst erfahren, mit begleitenden Affekten von Scham und manchmal Schuld. Und es besteht auch die Angst, daß sich diese Diskrepanz nicht korrigieren läßt, bevor es zu spät ist. Aus meiner Sicht klingt dieses Symptombild sehr nach der alten Ich/Überich-Diskrepanz und Spannung. Tatsächlich haben wir nun den Kreis geschlossen. Anstatt von dem traditonellem Ich/Überichkonflikt, zwischen dem wir dauernd eine Spannung erfahren, zu sprechen, gibt es auf der einen Seite unser Streben nach Erfüllung unserer speziellen idiosynkratischen Konfiguration von Ambitionen und Idealen und auf der anderen Seite unsere tatsächlichen Fähigkeiten, Grenzen und erreichten Ziele.

Übersetzung aus dem Amerikanischen: Regine Legutke; bearbeitet von Hans-Peter Hartmann

Anmerkungen

[1] Vortrag gehalten am Institut für Psychoanalyse und Psychotherapie Gießen am 2.6.1997

Literatur

Freud, S. (1926): Die Frage der Laienanalyse. G.W., Bd. XIV, S. 207-286.
Freud, S. (1933): Neue Folge der Vorlesungen zur Einführung in die Psychoanalyse. XXXI.
  Vorlesung: Die Zerlegung der psychischen Persönlichkeit. G.W., Bd. XV, S. 62-86.
Kohut, H. (1975): Remarks about the Formation of the Self. Letter to a Student Regarding

Some Principles of Psychoanalytic Research. In: P. H. Ornstein (Ed.) Search for the Self, Vol. 2. New York (International Universities Press) 1978, S. 730-770.

Kohut, H. (1984): Wie heilt die Psychoanalyse? Frankfurt a. M. (Suhrkamp) 1987.

Kohut, H. (1985): Self Psychology and the Humanities. C. Strozier (Ed.) New York (Norton).

Kohut, H., und Wolf, E. S. (1978): The Disorders of the Self and their Treatment. An Outline. Int. J. Psychanal. 59: 413-425. Dt.: Die Störungen des Selbst und ihre Behandlung. In: Kindlers Psychologie des 20. Jahrhunderts, Psychiatrie, Band 2, hg. v. U. H. Peters. Weinheim, Basel (Kindler) 1983, S. 97-112.

Wolf, E. S. (1988): Theorie und Praxis der psychoanalytischen Selbstpsychologie. Frankfurt a. M. (Suhrkamp) 1996.

Psychoanalytische Psychotherapie: Eine zeitgenössische Perspektive[1]

Anna Ornstein

Um auf konkrete Weise einige der Einflüsse zu demonstrieren, welche die Selbstpsychologie auf die Praxis der psychoanalytischen Psychotherapie ausgeübt hat, möchte ich zunächst eine klinische Vignette erläutern. Mein Patient, ein zweiunddreißigjähriger klinischer Psychologe, war seit kurzem mit einer Frau verheiratet, die er zu lieben glaubte; allerdings konnte er ihr diese Liebe nicht offen zeigen. Statt dessen, so sagte er, verhielt er sich nach wie vor ebenso »selbstsüchtig«, wie er es seiner Meinung nach schon immer gewesen war. Für ihn hatte sich immer alles um seine eigenen Bedürfnisse und Angelegenheiten gedreht, hinter denen die Wünsche anderer Menschen grundsätzlich zurückstehen mußten. Zum Beispiel aß er mit seiner Frau nur in Restaurants, die er selbst ausgesucht hatte. Er war auch nicht imstande, seine Dinge mit ihr zu teilen, und verlangte außerdem, daß sie die Arbeiten im Hause so erledigte, wie er es sich vorstellte. Mittlerweile kam ihm dies »engstirnig« und »zwanghaft« vor, und deshalb wollte er sich ändern. Darüber hinaus glaubte er, daß dieses Problem nur ein Aspekt einer grundsätzlicheren Schwierigkeit sei, nämlich seiner Unfähigkeit, Affekte – insbesondere liebevolle – zu empfinden und spontan zum Ausdruck zu bringen. In der körperlichen Beziehung zu seiner Frau bereitete es ihm zum Beispiel Kummer, daß er sich ihrer Umarmung oder einer flüchtigen Berührung hin und wieder einfach entzog. Er sprach wenig über ihre sexuelle Beziehung, sondern erwähnte nur recht beiläufig, daß er manchmal unter Ejaculatio praecox litt.

Der Patient fühlte sich niedergeschlagen, weil diese Schwierigkeiten schon so lange bestanden und derart hartnäckig waren, daß sich durch eine Psychotherapie mit einer Wochenstunde seiner

Meinung nach kaum etwas bessern würde. Da er sich aber finanziell-keine andere Behandlungsform leisten konnte und es ihm akut sehr schlecht ging, setzten wir unsere Arbeit auf dieser Grundlage fort.

Ich habe absichtlich das Beispiel eines Patienten ausgewählt, der selbst im Bereich der psychischen Gesundheitsversorgung arbeitete. Ich glaube nämlich, daß die Vorstellungen dieses Patienten über die Wirkungsweise der Psychotherapie einem traditionellen Therapie-verständnis entsprechen, das von vielen Psychologen und Behand-lern vertreten wird. Diesem Verständnis liegt das hydraulische Modell der Psyche zugrunde, demzufolge die Konflikte und unzulänglich kontrollierten Affekte (Wut, Rivalität, sexuelle Leidenschaft), die in dem düsteren Hexenkessel unseres Unbewußten brodeln, ihre Gewalt verlieren, sobald sie erkannt und bewußt gemacht werden – das Resultat ist vermeintlich die Heilung.

So erwartete auch dieser Patient, daß die Therapeutin sein Unbe-wußtes in seinen Träumen und Phantasien lesen und seine Sympto-me direkt in »allgemein bekannte« dynamisch-genetische Formulie-rungen übersetzen würde. Häufig brachte er seine Enttäuschung darüber zum Ausdruck, daß die Therapeutin ihn nicht mit ihrem Verständnis konfrontierte und zwang, irgendeine »grauenvolle Wahr-heit« über sich selbst anzuerkennen. Er war überzeugt, daß er genau dies brauche, um seine Schwierigkeiten überwinden zu können.

Im Lichte dieser Behandlungsziele betrachtet, kann es nicht über-raschen, daß sich der Patient ausgesprochen kooperativ verhielt. Von Anfang an schilderte er offen und ehrlich seine Phantasien und betonte dabei vor allem jene, die seiner Meinung nach »Widerstän-de« zu erkennen gaben. Eine spezifische Phantasie ging ihm häufig durch den Kopf, wenn er in meinem Wartezimmer saß: Er stellte sich vor, daß die Therapeutin sich zuerst verspäten und anschließend im Behandlungszimmer etwas tun würde, das ihm ihre Langeweile und ihr Desinteresse bewies; er würde sich sehr darüber ärgern und seine Wut eine Weile lang auskosten, um die Therapeutin dann zu beleidi-gen und aus dem Zimmer zu stürmen.

Manche Leser würden aus dieser Phantasie auf eine ungeheure Wut schließen, die der Patient zum Ausdruck bringen muß: Er konstruiert eine Situation, in der er sie offen zeigen kann. Selbst wenn es sich um defensive Wut handelt – oder gerade dann —, sollte ihre Deutung in der Behandlung oberste Priorität haben. Andere Leser würden vielleicht noch einen Schritt weiter gehen und sagen, daß die Analyse dieser Phantasie im Hinblick auf die Diagnose hätte aufschlußreich sein können: Sie gibt – so könnte man unter diesem Blickwinkel argumentieren – eine primitive Persönlichkeitsorganisation zu erkennen, deren Kern die orale Wut bildet; dies würde auch die narzißtische Haltung des Patienten gegenüber anderen Menschen erklären. Anders formuliert: Man könnte sein »selbstsüchtiges« Verhalten und seine Unfähigkeit, Liebe zu empfinden und zum Ausdruck zu bringen, als narzißtische, gegen oralen Neid und orale Wut gerichtete Abwehr betrachten, die ihrerseits für die Angst des Patienten vor Nähe sowie für seine Phantasien über eine wuterfüllte Begegnung mit der Therapeutin verantwortlich wäre. Auf der Grundlage dieser Formulierung wäre die Therapeutin dann gezwungen, dem Wunsch des Patienten nach Konfrontation nachzukommen, da eine solche – an dem neuen Verständnis orientierte – Konfrontation kurativ wirken könnte.

In Wirklichkeit hat die Therapeutin die Phantasie *nicht* gedeutet – und zwar nicht deshalb, weil sich die Theorie, welche die Phantasie zu ihrer Zufriedenheit erklärt hätte, von der soeben beschriebenen unterschied, sondern weil die Entwicklung des therapeutischen Prozesses durch keine noch so detaillierte und eingehende Erklärung, die sie dem Patienten in bezug auf einzelne Phantasien, Träume oder Symptome hätte geben können, gefördert worden wäre. Vielmehr wäre genau das Gegenteil der Fall gewesen: Die »dynamischen Erklärungen« der Phantasie, des Traumes oder Symptoms hätten die therapeutische Erfahrung fragmentiert und die Behandlung in erlebensferne Bereiche entrückt. Damit meine ich keineswegs, daß man bestimmte Mitteilungen des Patienten ignorieren sollte. Sie bilden aber lediglich *einen* Aspekt des sich entfaltenden therapeutischen Prozesses. Die Therapeutin hatte eine andere Vorstellung vom therapeutischen Prozeß als der Patient; ihr ging es nicht darum, seine »Widerstände zu beseitigen«, um Affekte aufzudecken, die ihm die Wahrheit über sich selbst sagen würden.

Der Patient deutete die Phantasie als einen weiteren Beweis für seinen Widerstand; er war überzeugt, daß er innerlich eine Situation konstruieren müsse, in der er der Therapeutin die Verantwortung für seine Unfähigkeit zuschieben konnte, seine nicht akzeptablen Gefühle anzuerkennen. Statt sich mit dem Inhalt der Phantasie zu beschäftigen, erläuterte die Therapeutin, daß seine Besorgnis über seine »Widerstände« ihr seine Hoffnung und Erwartung vor Augen führe, daß sie die Tür, hinter denen sich seine unbewußten Gedanken und Gefühle verbargen, aufschließen werde. Könnte diese Besorgnis über seine »Widerstände« vielleicht mit der Tatsache, daß sie sich nur einmal wöchentlich sahen, zusammenhängen und mit seiner Angst, daß sie ihre Ziele nicht erreichen könnten, wenn ihn die Therapeutin nicht gewissermaßen zwingen würde, den verborgenen Teil seiner Psyche zu offenbaren? »Ja«, antwortete der Patient. »Einer von uns muß den Finger in die Wunde legen... Wenn Sie meine Vorstellungen nicht in Frage stellen und mich nicht zum Nachdenken zwingen, werde ich es aus eigenem Antrieb niemals tun.«

Zu diesem Zeitpunkt hatte die Therapeutin die spezifische, idiosynkratische Bedeutung der Sorge des Patienten über seine sogenannten »Widerstände« noch nicht verstanden. Ebensowenig hatte sie verstanden, daß er mit dieser Metapher seine Erwartung zum Ausdruck brachte, daß die Therapeutin sogar jene Gefühle in ihm wahrnehmen würde, die er selbst nicht aussprechen konnte, weil sie ihm nicht bewußt waren. Bevor ich die Sitzung schildere, in der die Therapeutin die Bedeutung dieser Erwartung verstand und deutete, möchte ich kurz auf einige Daten eingehen, die für den Hintergrund dieses Patienten relevant sind.

Er stammte aus einer europäischen Mittelschichtsfamilie, die früher einmal wohlhabend gewesen war. Sein Vater, ein Geschäftsmann, genoß in dem verhältnismäßig kleinen Ort, in dem sie lebten, hohes Ansehen. Der Patient erinnerte sich, daß er den Respekt, mit dem die Einwohner seinem Vater begegneten, so empfand, als spiegele sich der Glanz auf ihm selbst wider. Er war stolz auf seinen Vater, auch wenn er persönlich nur wenig mit ihm zu tun hatte. Das Familienleben war ausgesprochen traditionell: Der Vater verhielt sich immer distanziert, er wurde gefürchtet und respektiert. Die Kinder

(der Patient hatte zwei ältere Schwestern) wurden von Kindermädchen erzogen, obwohl die Mutter das Haus praktisch nicht verließ; sie hielt sich mit den zahlreichen gesellschaftlichen Verpflichtungen, die mit der Position des Vaters verbunden waren, beschäftigt. Besonders nahe fühlte sich der Patient seiner zehn Jahre älteren Schwester. Eines der »Geheimnisse«, das, wie er hoffte, den Schlüssel zur Lösung seiner Probleme enthielt, betraf die sexuellen Phantasien, die er als kleiner Junge über seine Schwester entwickelt hatte. Als er in der Sitzung darüber nachdachte, sprach er auf einer sehr intellektuellen Ebene über die Möglichkeit, daß er seine inzestuösen, der Schwester geltenden Wünsche auf seine Frau verschoben haben könnte.

Die Kindheitserinnerungen aber, die ihn am stärksten beunruhigten, hingen mit seiner frühen Adoleszenz zusammen: Als er elf Jahre alt war, hatten ihn die Eltern in ein weit entfernt gelegenes Internat geschickt. Er ist überzeugt, daß sie gar nicht ahnten, wie schlecht es ihm damals ging, sondern nur daran dachten, ihm eine gute Ausbildung zu ermöglichen. Er hatte sich in jener Schule sehr einsam und unglücklich gefühlt. Während des Internatsaufenthalts starb sein Vater, der Patient erinnerte sich jedoch nicht, über den Verlust getrauert zu haben oder traurig gewesen zu sein, als er die Nachricht erhielt. Deshalb wurde in seiner Behandlung auch die Möglichkeit der unvollendeten Trauer als Ursache seiner Schwierigkeiten erforscht.

Tatsächlich tauchten die stärksten und schmerzhaftesten Gefühle in der Therapie auf, als der Tod seines Vaters zum Thema wurde. Nun erinnerte sich der Patient beispielsweise an einen Zeitungsartikel, der ihm in die Hände gefallen war und aus dem hervorging, daß die Geschäfte seines Vaters möglicherweise nicht immer »sauber« gewesen waren; das vernichtende Gefühl, das diese Nachricht in ihm ausgelöst hatte, kann er noch heute nachempfinden.

Ich möchte mich nun auf die Sitzung konzentrieren, in der die Therapeutin verstand, was es mit dem Wunsch des Patienten auf sich hatte, daß sie die Gefühle, die er selbst nicht wahrnehmen konnte, aktiv in ihm aufspüren möge; sie konnte dieses Bedürfnis in der betreffenden Sitzung in einer Weise deuten, die im Selbsterleben des Patienten einen Widerhall fand. (Indem ich den Interventionen der

Therapeutin sowie der Art und Weise, wie sie die Vertiefung des therapeutischen Prozesses förderten, besondere Aufmerksamkeit widme, greife ich eine detailliertere Diskussion aus einer früheren Veröffentlichung wieder auf. In jenem Beitrag haben wir die Meinung vertreten, daß psychoanalytische Psychotherapie und Psychoanalyse ein Kontinuum bilden, solange die Interventionen des Therapeuten nicht manipulativ (stützend oder beruhigend) sind, sondern konsequent deutend [Ornstein und Ornstein 1977]).

Zu der Sitzung, die ich hier betrachten möchte, erschien der Patient sichtbar verärgert. Als er Platz nahm, sagte er: »Ich habe an Ihnen gezweifelt... Ich habe versucht, Fehler an Ihnen zu entdecken, damit ein bißchen Schwung in die Sache kommt... Ich habe den Eindruck, daß wir uns immer nur mit Dingen beschäftigen, die auf der Hand liegen... Ich habe diese Phantasie, daß ich von all meinen Hemmungen befreit wäre, wenn ich richtig schreien und toben und Sie beschimpfen könnte.« Er dachte einen Augenblick nach und fügte dann hinzu:»Aber ich bin mir nicht mehr sicher, ob ich das wirklich will... da ist noch etwas anderes... aber wie können wir diese Tür öffnen?« Die Therapeutin antwortete, in seine frühere Überzeugung, daß er schreien und toben und eine Auseinandersetzung mit ihr anzetteln müsse, um gesund zu werden, hätten sich mittlerweile offenkundig gewisse Zweifel eingeschlichen.»Könnte es nicht sein«, so fragte sie,»daß die Fähigkeit, zu schreien und zu toben, nicht der Weg zur Heilung, sondern vielmehr ihr *Resultat* wäre?«

Mit diesem deutenden Kommentar (der bezeichnenderweise als Frage formuliert wurde) brachte die Therapeutin ihre Theorie über den Behandlungsprozeß zum Ausdruck. Sie sagte im Grunde, daß der Patient in der Lage sein würde, zu schreien und zu toben, wenn er sich in der Beziehung zu ihr mitsamt all seinen Gefühlen sicher aufgehoben fühlte. Die Einstellung der Therapeutin zum Behandlungsprozeß läßt sich folgendermaßen charakterisieren: Affekte können nicht gewaltsam, durch Konfrontationen, aus der Verdrängung »freigesetzt« werden. Vielmehr ist das Wahrnehmen und Äußern von Affekten eine Fähigkeit, die ein gut konsolidiertes Selbst voraussetzt – ein Selbst, das sich durch liebevolle und zärtliche Gefühle ebensowenig bedroht fühlt wie durch wütende und destruktive.

Auf die eher tastend formulierte »Deutung« der Therapeutin folgte zunächst ein kurzes Schweigen. Danach formulierte sie vorsichtig
und zurückhaltend ein umfassenderes Verständnis der Mitteilungen
des Patienten. Sie erläuterte, daß seine hartnäckige Forderung, sie
solle »die Tür aufstoßen« oder »den Finger in die Wunde legen«,
damit die Wahrheit über ihn ans Licht käme, in ihr den Eindruck
wecke, daß er möglicherweise vor allem deshalb so beunruhigt sei,
weil er sich nicht wirklich verstanden fühlte, sich aber wünsche, von
ihr verstanden zu werden. Der Patient bejahte dies und erklärte, daß
es ihm am liebsten wäre, wenn die Therapeutin magische Fähigkeiten besäße, um ihn verstehen zu können. Das sei tatsächlich wichtiger als das, *was* sie in ihm sehen würde. Nun fuhr die Therapeutin fort:
»So wie Sie sich gewünscht haben, daß Ihre Eltern verstehen würden,
wie es in Ihnen aussah, als Sie ins Internat gehen und Ihre Familie
und Freunde zurücklassen mußten – alles, was Ihnen wichtig und
vertraut war. Damals konnten Sie ihnen nicht sagen, wie Sie sich fühlten, aber Sie haben sich gewünscht, daß ihre Eltern es ohnehin
wüßten und daß sie Sie deshalb nicht wegschicken würden. Heute
wünschen Sie sich, daß ich alles über Sie verstehen könnte – all die
Wünsche und Gefühle, die Sie selbst nicht wahrnehmen können.
Wenn ich diese Gefühle kennen würde, könnten Sie sich in meiner
Gegenwart sicher fühlen; dann könnten Sie schreien und brüllen.«[2]
Genau in diesem Moment – die Sitzung war bereits recht weit fort-
geschritten – erinnerte sich der Patient an einen Traum aus der voran-
gegangenen Nacht. In jenem Traum war die Therapeutin zu ihm hinübergekommen und hatte sich neben ihn gestellt. Sie stand in dem
schmalen Dreieck zwischen seinem Sessel, der Wand und dem
Schreibtisch. Er wußte nicht mehr, ob sie überhaupt irgend etwas
gesagt hatte. Er selbst aber hatte in seinem Traum laut geweint und
dabei gedacht, daß er dazu in ihrer realen Gegenwart niemals imstande wäre. Nach einem kurzen Schweigen fragte ihn die Therapeutin,
was er selbst über diesen Traum denke. Der Patient antwortete, daß
ihn das Weinen in gewisser Weise erleichtert habe und daß er froh
darüber gewesen sei, weinen zu können. Die Therapeutin fügte dem
hinzu, daß er offenbar nur unter einer bestimmten Bedingung habe
weinen können: Sie selbst stand in dem Traum unmittelbar neben

ihm, irgendwie gefangen in dem kleinen Bereich zwischen seinem Sessel, der Wand und dem Schreibtisch. Ob ihm dazu etwas einfalle? In seinen Augen, so erwiderte der Patient, bedeute dies, daß er der Nähe nach wie vor Widerstand leiste. Vor dem Hintergrund des tatsächlichen Inhalts jenes Traumes, in dem der Patient die Therapeutin so nahe wie überhaupt möglich neben sich plazierte, war diese Deutung erklärungsbedürftig. Deshalb überlegte die Therapeutin, ob der Traum vielleicht zeige, daß er zumindest im Schlaf die Angst vor Nähe überwunden habe und daß er sie vielleicht gerade deshalb so nahe bei sich habe erleben können, weil sie in der Vergangenheit nicht auf seine Aufforderungen eingegangen war, mit ihm zu streiten – dies nämlich hätte seine Angst vor Nähe noch verstärkt. Wäre es nicht möglich, so fragte sie, daß er habe weinen können, weil er sich nun sicher fühle – sicher aufgrund der Tatsache, daß sie beide nicht miteinander stritten, sondern in der Lage seien, die Ursachen seines Wunsches zu verstehen, daß sie all seine Gedanken und Gefühle kennen möge? Während die Therapeutin sprach, umschattete sich die Miene des Patienten. Es war deutlich, daß er seine Tränen zurückzuhalten versuchte. Keiner der beiden sprach, und schließlich flossen ihm die Tränen über die Wangen. Es verging eine Weile, bis er nach einem Taschentuch griff; dabei blickte er die Therapeutin an. Sie sagte, daß er die Art, wie sie seinen Traum verstanden habe, offenbar so empfinde, als sei sie zu ihm hinübergekommen, um sich »an seine Seite« zu stellen. Sehr rasch und ruhig antwortete er: »Ja«. Es folgte ein weiteres kurzes Schweigen, bevor er mit dem Ende der Sitzung das Behandlungszimmer verließ.

Überlegungen zur klinischen Episode – der Deutungsprozeß

Die erste Aufgabe der Therapeutin, deren therapeutische Haltung und Deutungsweise selbstpsychologisch orientiert sind, besteht darin, den affektiven und kognitiven Zustand des Patienten und damit einhergehend auch die Art und Weise zu bestätigen, wie sie selbst vom Patienten erlebt wird. Nur so kann sie verstehen, wie dieses Erleben wiederum den Zustand des Patienten beeinflußt (Schwaber 1983). Diese Aufgabe ist allein in einem fortwährenden Dialog zu lösen, in dem die Therapeutin vorsichtig und zurückhaltend formuliert, was ihrer Meinung nach im Patienten vor sich geht. Der Patient selbst muß ihr dabei helfen, auch die Nuancen seines Selbsterlebens zu erfassen – seine augenblicklichen Erfahrungen ebenso wie jene aus seiner Vergangenheit. Auf dieser Kommunikationsebene ist die Therapeutin unter Umständen nicht in der Lage, das Selbsterleben des Patienten wirklich zu erklären; sie prüft lediglich, ob sie verstanden hat, was er ihr sagen wollte. Die Zurückhaltung der Therapeutin zeigt sich in der Art und Weise, wie sie ihre Äußerungen formuliert. In der oben beschriebenen Behandlung sagte sie zum Beispiel:»Aus Ihren Worten höre ich Ihre Hoffnung heraus, daß ich auf eine sehr aktive Weise mit Ihnen interagiere, damit Sie sicher sein können, daß auch in dieser einen Therapiestunde pro Woche die Gefühle ›ausgegraben‹ werden, die sich Ihnen selbst verbergen.« Eine solche Kommunikationsweise verfolgt das Ziel, einen therapeutischen Dialog herzustellen, der erst den Beginn eines umfassenderen Deutungsprozesses bildet – auch wenn er an sich bereits therapeutisch wirksam ist. Indem sie ihr Verständnis auf dieser Ebene formulierte, faßte die Therapeutin lediglich noch einmal in Worte, was dem Patienten bereits bewußt war. Wie aber war es um die unbewußten Affekte bestellt? Müssen sie nicht genauso aufgedeckt werden, wie der Patient es sich vorstellte, nämlich durch die Aufhebung der Verdrängungsschranke und der anderen Abwehrmethoden, die sie im Unbewußten verborgen halten? Viele würden das Vorgehen der Therapeutin – die Erlebensweise des Patienten so zu formulieren, daß dieser sie bestätigen konnte – genauso beurteilen wie der Patient selbst, der bekanntlich erklärte, die Therapeutin sage lediglich das, was ohnehin klar sei.

Schwaber (1977) stellte in der Diskussion über den bereits erwähnten Beitrag mehrere entscheidende Fragen zur empathischen Kommunikation:

»Wenn wir sagen, daß wir mit unseren Patienten empathisch seien – worauf richtet sich unsere Empathie dann, und auf welcher Ebene findet sie statt? Gilt sie dem, was der Patient aufdeckt, oder dem, was er verbirgt? Dem, was er bewußt oder unbewußt mitteilt, oder dem, was er verdrängt? Gilt sie seinen infantilen Sehnsüchten oder der erwachsenen Seite in ihm, die diese Wünsche unter Kontrolle zu halten versucht? Und wenn sich unsere Empathie auf die infantilen Wünsche richtet – zielt sie dann auf die narziβtische Achse oder auf die der Objektbezogenheit? Und auf welche Aspekte im Patienten – auf das Baby, das Kleinkind, den Schüler? Auf den Heilungswunsch, den er formuliert, oder auf das, was er unserer Meinung nach aus seiner Therapie machen sollte?« (S. 365)

Schwabers Beobachtung ist wichtig. Sie wirft die Frage auf, wie der empathische Modus des Zuhörens und Deutens jenen Aspekt der Psyche erfassen kann, zu dem der Patient selbst im betreffenden Augenblick keinen Kontakt findet, weil er ihn abgespalten oder verdrängt hat. Meiner Ansicht nach zeigen klinische Erfahrungen wie zum Beispiel die Tatsache, daβ sich mein Patient in einem ganz bestimmten Augenblick an einen Traum erinnerte, daβ das empathische Verstehen eine Stärkung der Selbstkohäsion bewirkt, die das psychische Funktionieren verbessert und die Notwendigkeit von Abwehroperationen verringert. In der geschilderten Behandlung beruhte die Stärkung der Selbstkohäsion meiner Meinung nach auf einer stummen Verschmelzungsübertragung, die im Laufe des therapeutischen Dialogs, in dem die Therapeutin dem Patienten ihr stetig wachsendes Verständnis vermitteln konnte, hergestellt wurde. Im Anschluβ an eine Deutung, die dieses umfassendere Verständnis zum Ausdruck brachte, konnte sich der Patient an einen Traum erinnern, dessen Inhalt zeigte, daβ eine solche Übertragung tatsächlich bestand, genauer: daβ er nur weinen konnte, wenn die Therapeutin »an seiner Seite« war. Offenbar wird es Patienten durch diese stabilisierte Konsolidierung des Selbst ermöglicht, Affekte in sich zu erleben und zu erforschen, die sie zuvor entweder aufgrund ihrer Intensität oder wegen ihres spezifischen Inhalts als unerträglich empfanden: Eifersucht, Rivalität, Feindseligkeit, Liebe, Traurigkeit, Schuldgefühle, Scham. Die Erforschung dieser Affekte – und die wachsende Fähigkeit des Patienten, sie als etwas anzuerkennen, das zu ihnen selbst gehört – bildet den zweiten Teil des Deutungsprozesses: die Erforschung und Akzeptanz des verdrängten und abgespaltenen Teils der Psyche.

Im folgenden möchte ich, wenn auch nur andeutungsweise, zeigen, wie der oben beschriebene Behandlungsabschnitt das Verständnis der gegenwärtigen Schwierigkeiten meines Patienten förderte und in welcher Weise seine Kindheitserinnerungen zu diesem Verständnis beitrugen. Als Kind war der Patient ein »guter Junge« gewesen. Er weinte nicht und verbarg seine Enttäuschung, als er im Alter von elf Jahren in ein Internat gegeben wurde. Er hatte es gelernt, seine Affekte erfolgreich zu isolieren. Zusammen mit anderen Abwehrmechanismen hatte diese Affektisolation zur Folge, daß er über den Verlust seines Vaters nicht trauern konnte. In seiner Behandlung wollte er dieses Isolationsgefühl überwinden; er nahm die Therapie mit einer Heilungsphantasie auf, die seinen Wunsch nach einem »Neuanfang« und einer Aktivierung seines »vereitelten Wachstumsbedürfnisses« repräsentierte: Der Phantasie, daß die Therapeutin all seine verborgenen Gefühle und Gedanken kennen möge, so daß er sich nicht davor fürchten müßte, von ihr verletzt oder gekränkt zu werden. Ein tiefreichendes Verständnis dieser Phantasie half dem Patienten, das Isolationsgefühl, das ihm seit seiner Kindheit vertraut war, zu überwinden. Sich daran zu erinnern, wie sehr er sich gewünscht hatte, daß die Eltern wüßten, wie es ihm ging, als sie ihn ins Internat schickten, diente als Deckerinnerung für sein Gefühl, daß sie seinen Gefühlen ganz generell gleichgültig gegenüberstanden.

Zusammenfassung

Ich habe einen kurzen Ausschnitt eines Behandlungsprozesses erläutert, um zu zeigen, in welcher Weise die Selbstpsychologie einen Beitrag zur psychoanalytischen Psychotherapie zu leisten vermag. Die klinische Episode illustriert, daß die Therapeutin durch ihre Position des empathischen Zuhörens und durch die deutende Form ihrer Interventionen zunehmend tiefere Schichten der Psychopathologie des Patienten erforschen konnte.

Ich habe darüber hinaus ansatzweise die Art und Weise zu erklären versucht, wie die therapeutische Erfahrung trotz der Tatsache, daß empathische Deutungen die verdrängten und abgespaltenen Teile der Psyche nicht direkt in Worte fassen konnten, vertieft wurde. Die klinische Beobachtung stützt die Annahme, daß das Erleben der Therapeutin als Selbstobjekt eine vorübergehende Stärkung der

Selbstkohäsion des Patienten bewirkt, die dann wiederum die Notwendigkeit von Abwehroperationen verringert. Unter diesen Umständen kann der Patient Affekte in sich wahrnehmen, die er zuvor verdrängt und/oder verleugnet hat, weil sie seine Selbst-Kohäsion bedrohten.

Obwohl diese Erklärung von einer ganz anderen theoretischen Perspektive ausgeht, ähnelt sie Kris' (1950) Beschreibung der »guten Analysestunde«. Kris zufolge wird »Einsicht« keineswegs durch die Deutungen des Therapeuten vermittelt. Vielmehr werden die Deutungen des Analytikers durch die vorbewußten geistigen Prozesse des Patienten selbst so verarbeitet und integriert, daß sich die Einsicht entwickelt. Der wesentliche Aspekt der therapeutischen Arbeit vollzieht sich daher stumm, außerhalb des Gewahrseins des Analytikers, in den vorbewußten Denkprozessen des Patienten.

Der Gebrauch der Therapeutin als Selbstobjekt blieb auch bei meinem Patienten stumm und ermöglichte es ihm, Affekte wahrzunehmen, die er zuvor abgewehrt hatte. Diese Sichtweise des Behandlungsprozesses legt somit nahe, daß die Wartezimmerphantasie etwas ganz anderes bedeutete, als ich es an früherer Stelle (siehe S. 109) als Möglichkeit angedeutet habe. Statt die Phantasie in dem Sinne zu deuten, daß der Patient sich sozusagen »das Recht erwirbt«, seine aufgestaute Aggression und Feindseligkeit offen zu zeigen, können wir die Phantasie nun als seinen Versuch verstehen, auf die gefürchtete Gleichgültigkeit und Distanziertheit der Therapeutin in einer Weise zu reagieren, wie es ihm als Kind gegenüber seiner Umwelt nicht möglich war. Die Wartezimmerphantasie bildete einen Aspekt seiner Heilungsphantasie: Er hoffte, daß seine Wut und Entrüstung die Therapeutin zwingen würden, seine Gefühle anzuerkennen und das Isolationsgefühl zu durchbrechen, das er in sich selbst sowie in der Beziehung zu seiner unmittelbaren emotionalen Umwelt empfand.

Übersetzung: Elisabeth Vorspohl

Anmerkungen

1 Erstveröffentlichung in: *The Legacy of Heinz Kohut*. Hg. von A. Goldberg. Hillsale, NJ (The Analytic Press) 1984.

2 Hierbei handelte es sich um eine Deckerinnerung des Patienten, in der ältere Wünsche, so gehört oder »gelesen« zu werden, daß er sich sicher oder vollständig fühlen konnte, enthalten waren. Daß die Therapeutin in ihrer Deutung die Erinnerung aufgriff, ist nicht als Versuch zu betrachten, eine traumatische Erfahrung als Ursache für die gegenwärtigen Schwierigkeiten des Patienten zu rekonstruieren.

Literatur

Kris, E. (1950): Vorbewußte Geistesvorgänge. In: Ders., *Die ästhetische Illusion. Phänomene der Kunst in der Sicht der Psychoanalyse*. Frankfurt am Main (Suhrkamp) 1977.

Ornstein, P., und Ornstein, A. (1977): On the continuing evolution of psychoanalytic psychotherapy: Reflections and predictions. *The Annual of Psychoanalysis* 5: S. 329-370.

Schwaber, E. (1977): Discussion of »On the continuing evolution of psychoanalytic psychotherapy: Reflections and predictions« by P. Ornstein und A. Ornstein. *The Annual of Psychoanalysis* 5.

Schwaber, E. (1983): Psychoanalytic listening and psychic reality. *International Review of Psycho-Analysis* 10: 379-392.

Beiträge aus der empirischen Säuglingsforschung für die Erwachsenenanalyse. Welche Erkenntnisse haben wir gewonnen? Wie können wir sie anwenden?[1]

Frank M. Lachmann

Am Anfang meiner psychoanalytischen Ausbildung lernte ich, die Psychoanalyse postuliere ein Verlaufsschema der Entwicklung, ein Strukturmodell der Psyche und eine auf der Übertragungsanalyse basierende Behandlungstheorie. Die Verbindung der drei Hauptbereiche Entwicklung, Struktur und Übertragung lieferte die Leitlinie für die Behandlung (Lachmann und Beebe, 1992).

Ich lernte damals, der Säugling sei das pure »Es« und seine Bindung an Objekte entstehe über die Triebbefriedigung. Wurden die Triebe durch die Umwelt eingeschränkt, konnte, wo »Es« war, »Ich« entstehen. Entwicklung und psychische Strukturbildung waren auf diese Weise unmittelbar miteinander verknüpft. Die Psychopathologie erklärte die Entstehung der Symptomatik aus dem Konflikt zwischen den psychischen Strukturen. Diese Konflikte werden vom Patienten auf den Analytiker übertragen, was ihre Analyse und Auflösung ermöglicht. Auf diese Weise waren Strukturmodell und Behandlungstheorie miteinander verbunden.

Margaret Mahler (1971) beschrieb es so: wenn ein Patient zwischen Beschwerden, Wut und Bewunderung für den Analytiker schwankt, können diese Übertragungen den prägenden Erfahrungen aus der Phase der Separation-Individuation zugeordnet werden. In diesem Fall würden die Deutungen sich hauptsächlich auf die Projektion, die Spaltung oder die mißlungene Integration positiver und negativer Mutter-Repräsentanzen beziehen. Dadurch wird der Zusammenhang zwischen Übertragung, früher Entwicklung und psychischer Struktur veranschaulicht.

Ergänzend zu dem nur aus »Es« bestehenden Säugling Freuds und zu Margaret Mahlers symbiotischem Säugling lernte ich, daß für Melanie Klein der Säugling ein kleiner Dämon war, ein dämonischer Säugling mit der Bereitschaft, sich das Innere seiner Mutter einzuverleiben. Mittels projektiver und introjektiver Mechanismen konnte dieser Dämon zivilisiert werden, Schuld erleben und die depressive Position erreichen.

Ich sah, wie diese Sichtweise der frühen Entwicklung in die andere Richtung pendelte und der Säugling nun als ausschließlich durch seine Umwelt geformt betrachtet wurde. In der Ära des umweltbestimmten Säuglings wurde dieser wie eine tabula rasa ausschließlich durch seine Erfahrungen ge- oder verformt. Gegenwärtig befinden wir uns in der Ära des konstruierenden Säuglings (constructionist infant), der seine Welt in Interaktion mit seiner Umgebung mitgestaltet. So stellt sich der Säugling jetzt aus der Sicht der empirischen Säuglingsforscher dar.

Eine unmittelbare Verbindung zwischen früher Entwicklung, einem Strukturmodell der Psyche und dem Inhalt der Übertragung wurde bereits vor dem Bekanntwerden der empirischen Forschungsergebnisse von vielen Seiten angezweifelt, so z.B. von George Klein (1969) und Merton Gill (1982). Aber erst die empirische Säuglingsforschung brachte den Durchbruch zu einer neuen Sichtweise. Wenn der Säugling seine Welt zusammen mit seinen Betreuungspersonen gestaltet (the infant co-constructs), dann ist er von Geburt an »gebunden« (»attached«) und bringt seine eigene Organisation in die Dyade von Säugling und Pflegeperson mit ein (Stern, 1985). Darüberhinaus entwickelt sich die Psyche nicht isoliert, sondern in einer Beziehungsmatrix durch dyadisch organisierte Prozesse (vgl. Stolorow und Atwood, 1992). Schließlich darf man sich die Übertragung nicht als eine direkte Wiedergabe der ungelösten Konflikte des Patienten vorstellen, sondern als gemeinsam gestaltet (co-constructed) durch Analytiker und Patient (Stolorow und Lachmann, 1984, 1985). Genau wie der Säugling und die Pflegeperson ihre Welt co-konstruieren, tun es auch der Analytiker und der Patient. Und genau wie in der Dyade von Säugling und Pflegeperson, sind auch bei der Organisation der Übertragung die Beiträge, die der jeweilige Partner dazu macht, weder gleich noch ähnlich (Beebe und Lachmann, 1994).

Die Konzepte der Co-Konstruktion und der Transformation liefern einen entscheidenden Beitrag zur Revision der psychoanalytischen Theorie von Entwicklung, Strukturmodell der Psyche und Behandlung. In seinem Entwicklungsprozess beeinflußt der Säugling in jedem einzelnen Moment seine Umgebung und wird gleichzeitig durch sie beeinflußt. Einen Augenblick später haben wir es bereits mit einem leicht veränderten Säugling und einer leicht veränderten Umgebung zu tun. Durch ihre Interaktion haben sich sowohl der Säugling, als auch die Umgebung verändert (Sameroff, 1983). Die Transformationen reichen von erhöhter Rigidität bis zu erhöhter Flexibilität im Zugang und im Nutzbarmachen der eigenen Ressourcen in der Selbst- und wechselseitigen Regulierung.

Das Transformationsmodell bringt für die Entwicklungstheorie einen Paradigmenwechsel. Wir haben uns von einer Theorie aufeinanderfolgender Phasen der Libidoentwicklung hin zu einer Theorie kontinuierlicher Konstruktion bewegt, wie beispielsweise Sterns (1985) Darstellung der Entwicklung des Selbsterlebens zeigt. Wir haben das klinische Modell, das den Schwerpunkt auf den Wiederholungszwang legte, verändert zu einem Modell, in dem Wiederholung und Transformation dialektisch gesehen werden. Wir haben jetzt einen Säugling vor uns, der die Umgebung gestaltet und zugleich durch sie geformt wird. Auf diese Weise sind wir einem außerordentlich komplexen Modell der Psyche, der Entwicklung und in der Folge auch der Behandlung näher gekommen. Wir haben uns in Richtung eines Entwicklungsmodells bewegt, das erklärt, wie das Erleben der eigenen Kontinuität (sense of one's continuity) trotz fortwährender Veränderung aufrecht erhalten werden kann. Wir bewegten uns weg von der Annahme einer Struktur, hin zur Annahme von Prozessen und Systemen zwischen einer Person und ihrer Umgebung (Mutter-Säugling, Therapeut-Patient), wobei beide das jeweilige Erleben des einen mit dem anderen beeinflussen und cokonstruieren (Stolorow, 1997; Lachmann, 1998).

Als Psychoanalytiker müssen wir uns jetzt mit zwei verschiedenen Modellen der frühen Entwicklung auseinandersetzen. Die traditionelle Psychoanalyse, die sich weitgehend aus der retrospektiven Rekonstruktion der frühen Entwicklung durch die Analyse der Psychopathologie Erwachsener herleitet, brachte den sogenannten »klinischen Säugling« Freuds, Mahlers, Kleins und anderer hervor. Die direkte Beobachtung normaler Kinder führte zum »empirischen Säugling«. Statt das Vokabular der traditionellen Psychoanalyse zu benützen, bevorzugen die »Säuglingsbeobachter« den Gebrauch einer »neuen« Sprache: der Sprache der Entwicklungs- und der kognitiven Psychologie. Sie benützen Fachausdrücke, die für die Psychoanalyse neu sind, wie zum Beispiel »Erwartungen« (»expectancies«). Die neuen Begriffe machen die Unterschiede zwischen beiden Sichtweisen deutlich. Stern (1985) hat sich jedoch dagegen gewandt, das Konstrukt des »klinischen Säuglings« aufzugeben. Nach seinem Dafürhalten benötigen wir beide Modelle der frühen Kindheit für unsere klinische Arbeit.

Die empirische Säuglingsforschung zeigt einen zu seiner Umwelt in Beziehung stehenden Säugling mit einer beträchtlichen Anzahl angeborener Fähigkeiten, wie z.B. das Erkennen von Zusammenhängen zwischen Ereignissen und das Übersetzen von Erfahrungen von einer sensorischen Modalität in eine andere. Sie stellt uns ein Grundwissen bereit, von dem aus Schlüsse auf die psychopathogische Entwicklung möglich sind. Besonders wichtig ist, daß wir durch sie für das ständig auftretende nonverbale Geschehen und die nicht verbalisierten Dimensionen der Interaktion zwischen Analytiker und Patient sensiviert bzw. aufs Neue sensiviert wurden.

Für die Behandlung Erwachsener liegt der Wert der Beibehaltung des Konzepts vom »klinischen Säugling« darin, daß dadurch die subjektiv kodierte Geschichte und das Erleben, das Erwachsene von ihrer Kindheit haben, dargestellt werden. Das Bild des »klinischen Säuglings« wird maßgeblich durch bestimmte psychoanalytische Theorien beeinflußt, die darstellen, wie die Entwicklung entgleiste und wie dies von der Person erlebt wurde. Indem wir beide »Säuglinge« einbeziehen, sind wir in einer besseren Position, um folgende Frage zu stellen: was sind die Konsequenzen für die psychoanalytische Theorie und Behandlung, wenn wir von einer Entwicklungstheorie ausgehen, die auf der Beobachtung normaler und nicht pathologischer Entwicklung basiert?

Solche Fragen aus verschiedenen Blickwinkeln heraus erfassen den Kern der Beiträge, mit denen die empirische Säuglingsforschung die Psychoanalyse herausfordert. Durch die wie Pilze aus dem Boden schießenden Untersuchungen, Beobachtungen und Experimente zur normal verlaufenden frühen Kindheit, ist neues grundlegendes Datenmaterial zum Vorschein gekommen. Meine Kollegen Beatrice Beebe, Joseph Lichtenberg, Jim Fosshage und ich behaupten, daß diese wissenschaftlichen Untersuchungen für den praktizierenden Kliniker tiefgreifende Veränderungen mit sich bringen. Welche Verbindung können wir jetzt, unter der Voraussetzung dieses neuen Datenmaterials, zwischen dem normalen und dem pathologischen psychischen Erleben herstellen? Was wird aus der traditionellen psychoanalytischen Modellvorstellung einer Psyche, die regrediert, sich fixiert, internalisiert, verschiebt, projiziert und ihre innere Tätigkeit überträgt? Was haben wir erreicht, wenn wir uns nicht länger auf die direkten Verbindungen zwischen Entwicklung und psychischer Struktur als Leitlinie zum Verständnis der Übertragung verlassen können? Dies sind entscheidende Fragen, die hier zur Debatte stehen.

Meine Kollegen und ich haben jetzt länger als ein Jahrzehnt verschiedene Aspekte der Beziehung zwischen empirischer Säuglingsforschung und Erwachsenenbehandlung erforscht. Meine Zusammenarbeit mit Beatrice Beebe einerseits, sowie andererseits mit Joe Lichtenberg und Jim Fosshage, geht jeweils von unterschiedlichen Ausgangspunkten aus. Der Ausgangspunkt für Beatrice Beebe und mich ist die mikroanalytische Einzelbildanalyse der Mutter-Säugling / Gesicht-zu-Gesicht-Interaktionen (frame-by-frame analysis of mother-infant face-to-face interactions) im dritten und vierten Lebensmonat, wenn die Fähigkeit, den Blickkontakt aufrecht zu erhalten, zuverlässig vorhanden ist. Wir haben die in großer Zahl vorliegenden Forschungsergebnisse zur Dyade von Säugling und

Pflegeperson durchgesehen und drei organisierende Prinzipien für das Erleben des Säuglings identifiziert:
- fortwährend auftretende Muster von Selbst- und wechselseitiger Regulierung,
- Unterbrechung und Wiederherstellung laufender Regulierungsprozesse, sowie
- Augenblicke erhöhter Affektivität (heightened affective moments) (Beebe und Lachmann, 1994; Lachmann und Beebe, 1996).

Für diese drei Prinzipien ist das Konzept der Erwartungen (expectancies) von zentraler Bedeutung. Die Säuglinge entdecken den Ablauf, die Wiederholung und die vorhersagbaren Folgen ihrer eigenen Handlungen. Die Bestätigung von Erwartungen führt zu vorhersagbaren »laufenden« Regulierungen. Die grobe Enttäuschung von Erwartungen führt zu Unterbrechungen (disruptions), die in ihrer Spannweite von spielerisch und vergnügt bis zu traumatisch und schwer reparierbar reichen. Die drei organisierenden Prinzipien, sowie die Bestätigung bzw die grobe Enttäuschung von Erwartungen können in der Behandlung Erwachsener als Bilder und Analogien Anwendung finden. Dadurch wächst unser Verständnis des therapeutischen Geschehens bei der Analyse Erwachsener.

In meiner Ausbildung lernte ich, die Psychopathologie Erwachsener vom Standpunkt ihrer kindlichen Prototypen her zu betrachten. Bei der Durchsicht der Ergebnisse aus der empirischen Säuglingsforschung war ich über die grundlegenden Unterschiede zwischen dem normalen Säugling und dem neurotischen oder dem »Borderline«-Erwachsenen verblüfft. Heute finde ich die Herstellung einer Verbindung zwischen der Pathologie Erwachsener und der normalen frühen Kindheit, wie es z.B. im Konzept des Entwicklungsstillstandes der Fall ist, höchst fragwürdig. Man kann nicht behaupten, die Pathologie Erwachsener sei jemals in irgendeinem Alter »normal« gewesen. Mit Hilfe von Metaphern und Analogien kann man jedoch Verbindungen zwischen der normalen frühen Kindheit und der Pathologie Erwachsener herstellen. Beatrice Beebe und ich haben solche Verbindungen vorgeschlagen, um die allgemeinen Prinzipien darzulegen, nach denen das Erleben in der frühen Kindheit, in der psychoanalytischen Behandlung und über die Lebensspanne hinweg organisiert ist, mit Blick auf eine allgemeine Interaktionstheorie.

Joe Lichtenberg, Jim Fosshage und ich begannen unsere Forschungsreise vom Standpunkt der Erwachsenenanalyse aus (Lichtenberg, Lachmann und Fosshage, 1992, 1996). Obwohl wir für die Formulierung der fünf Motivationssysteme, die ich später näher erläutern werde, Ergebnisse der Säuglingsforschung nutzten, war unser vorrangiges Anliegen die Entwicklung einer Behandlungstheorie. Genauer gesagt: indem wir die Ergebnisse aus der Säuglingsforschung in die Grundsätze der Erwachsenentherapie einbrachten, wollten wir die Selbstpsychologie im Hinblick auf die Behandlungstechnik erweitern, modifizieren und ausbauen. Konzepte wie »Modellszenen« und »dem Affekt des Patienten folgen« (tracking the patient's affect) illustrieren das Vorgehen unter diesem Gesichtspunkt.

Letztendlich sollten beide Herangehensweisen, von der empirischen Säuglingsforschung bzw. von der Erwachsenenanalyse aus, zusammentreffen. Die Prinzipien für die Organisation des Erlebens und das Modell der Entwicklung, die sich aus der Säuglingsforschung herleiten, sollten mit den Annahmen über die Organisation des Erlebens verbunden werden, die aus der Erwachsenenanalyse abgeleitet werden können. Darüberhinaus sollte das Entwicklungsmodell mit einer Theorie über das Entstehen einer Psychopathologie verbunden werden. Derzeit würde ich sagen, einige Verbindungsstücke sind bereits an der richtigen Stelle, aber es liegt noch ein langer Weg vor uns. Ich beschäftige mich derzeit mit der Frage, wie weit wir bereits gekommen sind und an welcher Stelle wir das Erlernte anwenden können. Das ist aktuelle Forschungsarbeit in einem sich stetig und faszinierend fortentwickelnden Bereich.

Ich habe einige Beiträge zusammengestellt, die meiner Meinung nach eine besondere Bedeutung für die Behandlung Erwachsener haben. Jeden einzeln zu diskutieren, würde etwas zu weit führen und daran hindern, den Vorteil zu nutzen, der in ihrer Überschneidung und natürlichen »Gruppierung« liegt. Deshalb werde ich sie in unterschiedlichem Kontext in narrativer Form diskutieren. Einige dieser Beiträge habe ich schon erwähnt: die Organisation und Co-Konstruktion des Erlebens und seine Transformationen.

Zu Beginn meiner psychoanalytischen Ausbildung lernte ich, daß die Annahme von Hartmann, Kris und Löwenstein, es gebe eine undifferenzierte Es-Ich-Matrix (Hartmann, Kris und Löwenstein, 1946) durch die psychoanalytisch orientierten Beobachtungen von Mahler (Mahler, Pine und Bergmann, 1975) bestätigt worden sei. Ihr Konzept von der »psychischen Geburt« des Kindes, das aus einer autistischen Phase auftaucht und sich zur symbiotischen Phase hinentwickelt, von Separation-Individuation und Wiederannäherung, stimmte völlig mit den Lehrsätzen der Ich-Psychologie überein.

Das Konzept einer normalen autistischen Phase, wie von Mahler postuliert, wurde freilich später von ihr selbst aufgegeben, und Fred Pine (1986) definierte später die symbiotische Phase neu als das Auftreten von »symbiotischen Augenblicken« (»moments of symbiosis«). Wie Stern (1985) dargelegt hat, gibt es tatsächlich keine frühe Entwicklungsphase, in der der Säugling und seine Pflegeperson nicht in »Beziehung« zueinander stünden. Zu keinem Zeitpunkt kann der Säugling als in einem »objektlosen« oder autistischen Zustand lebend beschrieben werden. Zweifellos gibt es jedoch erwachsene Patienten mit der Diagnose Borderline oder narziβtische Störung, auf die die Beschreibung zutrifft, sie hätten es nicht geschafft, sich von einer frühen Bezugsperson zu trennen. Ihr Selbsterleben ist diffus, sie leiden unter extremen Abhängigkeitsbedürfnissen, sie haben das Bedürfnis, in einem »symbioseähnlichen Zustand« zu verharren. Wir können nicht länger annehmen, daß diese Pathologie die Fixierung an einen normalen frühen Symbiosezustand spiegelt, an welchem die Person zu lange festgehalten habe. Eine Pathologie, wie z. B. Indifferenz gegenüber anderen Menschen oder die Neigung zu Dissoziation, zeigt eben gerade nicht das Festhalten an einer normalen Entwicklungsphase an. Darüberhinaus kann man nicht einmal davon ausgehen, eine solche Pathologie müsse notwendigerweise ihren Ursprung in einer sehr frühen Phase der Entwicklung haben. Solche Annahmen haben uns dazu veranlasst, daß wir – manchmal unbarmherzig – in der frühesten Lebensphase eines Patienten nach den Wurzeln seiner Pathologie gesucht haben. Ich denke, wir haben die Bedeutung späterer Ereignisse im Leben eines Patienten zu sehr vernachlässigt.

Nach der Lektüre der Arbeiten von Freud, Mahler, Jacobsen, Kernberg und Kohut, haben Bob Stolorow und ich (Stolorow und Lachmann 1980) drei Aufgaben formuliert, die das Kind in seiner Entwicklung erfüllen muß:
1) es muß lernen Selbst- und Objektrepräsentanzen zu unterscheiden, 2) es muß die ursprüngliche Spaltung zwischen nur guten und nur bösen Objektrepräsentanzen überwinden und sie integrieren zur Gesamtrepräsentation eines Objekts, das manchmal gut und manchmal nicht gut ist, und es muß 3) zu Selbst- und Objektkonstanz finden.

Die Säuglingsforscherin Karlen Lyons-Ruth hat 1991 darauf hingewiesen, daß ein logischer Widerspruch besteht zwischen der Annahme, daß das Kind einerseits lernen muß, zwischen Selbst und Anderen zu unterscheiden, weil Selbst und Andere als ursprünglich vermischt gelten, und daß andererseits das Kind die entgegengesetzte Aufgabe bewältigen muß, nämlich gute und schlechte Objektrepräsentanzen zu integrieren, weil diese Repräsentanzen von Geburt an gespalten (»split«) seien. Sie stellte fest:

»das ambivalente, abwechselnd mal ärgerliche, mal positive Verhalten, das als Kennzeichen einer solchen darunterliegenden psychischen Organisation gelten würde, taucht bei Kindern, die jünger als 15 Monate sind, gar nicht auf, in der Zeit also, in der aber laut Hypothese solche »gepaltenen« (»split«) Objektrepräsentanzen existieren sollen (...). Dieses ambivalent ärgerliche Verhalten tritt vielmehr zunehmend gehäuft auf bei Kindern mit ernstem sozialem Risiko. Das bedeutet, der Befund der Entwicklungsbeobachtung ist eher kongruent mit der Vorstellung, daß das Kind bei adäquater Versorgung durch die Pflegeperson (adequate caregiver regulation) reibungslos integrierte Verhaltensmuster und Repräsentanzen entwickeln kann, die sowohl positive als auch negative Komponenten enthalten. Im Gegensatz dazu entwickelt das Kind dann, wenn die Versorgung durch die Pflegeperson inadäquat ist, zunehmend deutlichere und unterscheidbare negative Selbst- und Fremdrepräsentanzen, die kaum integriert sind mit Repräsentanzen von positiven Interaktionen (...). Schlecht integrierte positive und negative Repräsentanzen gehören nicht selbstverständlich zu frühkindlichen Funktionen, sondern sie entwickeln sich allmählich unter den Bedingungen einer gestörten Regulation«. (1991, S.13)

Nach einer erneuten Durchsicht der Filme von M. Mahler zog Lyons-Ruth die Schlußfolgerung, daß Mahler mit der Bezeichung »Separation- Individuation« für eine Entwicklungsphase ihre Nomenklatur eher auf ihr theoretisches Wissen als auf das Verhalten der Kinder gestützt hatte. Lyons-Ruth schlug vor, diese Entwicklungsphase neu zu benennen als »Bindung-Individuation«, denn sie beobachtete weit mehr Evidenz für fortdauerndes Bindungsverhalten der Mahlerschen Kinder als für »Separationsverhalten«. Ihr Vorschlag steht im Einklang mit einer selten zitierten Idee von M. Mahler, daß symbiotische Bedürfnisse in Wahrheit lebenslang bestehen, und auch mit Kohuts Annahme, daß das Bedürfnis nach Selbstobjekterfahrungen lebenslang bestehen bleibt. Die Implikation dieser konzeptuellen Veränderung für die Behandlung Erwachsener ist, daß Bindung und Separation nicht notwendigerweise miteinander in Konflikt stehen, sondern beide kooperieren. Autonomie, Selbstbehauptung und Individuation mit einem abgegrenzten Selbstempfinden (sense of self) entwickeln sich nicht durch Separation von einer primären Pflegeperson, sondern sie brauchen das Beibehalten von Bindung. Gerade indem sie beibehalten wird, kann Bindung allmählich abstrahiert werden. Sie wird dann allmählich generalisiert. Darüber hinaus kann die Bindung an eine primäre Pflegeperson, gerade indem sie beibehalten wird, zunehmend entpersonalisiert werden, so daß die konkrete Präsenz der primären Pflegeperson immer weniger benötigt wird, um das Selbstgefühl aufrechtzuerhalten.

In der folgenden Fall-Vignette zeige ich, welche Rolle die Übertragung bei der Förderung von Abstraktion und Entpersonifizierung von primärer Bindung spielt:

Eine 39jährige geschiedene Frau (ausführliche Diskussion bei Lachmann und Beebe 1992) hatte in ihrer Analyse bei mir nach längerer Zeit eine idealisierende Selbstobjektübertragung entwickelt. In den Anfangsjahren der Analyse hatte die Beschäftigung mit ihrer Tendenz, masochistische Beziehungen einzugehen, beträchtlichen Raum in den Stunden eingenommen. Sie wurde zur Pflegeperson für andere, fühlte sich dann als Opfer, ärgerlich und ausgebeutet. Sie beklagte sich bitterlich, daß sie sich ständig an die Vorstellungen anderer Menschen anpassen müsse. Im Verlauf unserer Arbeit suchte sie schließlich nach einem besseren Job, und sie erzählte von einem vielversprechenden Vorstellungsgespräch. Sie berichtete, das Interview sei gerade deshalb so gut verlaufen, weil sie dachte, daß der Interviewer und ich miteinander bekannt seien, deshalb sei der Interviewer besonders nett zu ihr gewesen. Ich wußte von keiner solchen

Verbindung und dachte, daß sie ihrerseits, indem sie das positive Interview mir und meinem Einfluß zuschrieb, wieder einmal versuchte, ihre eigene Kompetenz und Unabhängigkeit zu verleugnen. Für mich klang das wie ein weiterer Beweis für ihre masochistische Selbstentwertung. So deutete ich ihre Abneigung, ihre eigene Kompetenz und ihre Fähigkeiten zu akzeptieren, indem sie ihren Erfolg mir zuschrieb.

An diesem Punkt der Analyse war die Patientin dazu in der Lage, meine Deutung folgendermaßen zu beantworten: »Schauen Sie, sorgen Sie dafür, daß unser Band (tie) hält und ich sorge selbst für meine Autonomie.«

Wir konnten dann gemeinsam das »Körnchen Wahrheit« in ihrer Phantasie herausfinden.

Es war tatsächlich meine Gegenwart, bestehend aus ihrem Gefühl von Verbundenheit mit mir, das sichere Band zu mir, das es ihr ermöglicht hatte, ein solch erfolgreiches Interview zu führen. Ich hatte ihre Phantasie viel zu wörtlich interpretiert, und dadurch drohte die Verbindung zu ihr unterbrochen zu werden.

In früheren Zeiten der Analyse kam es häufig zu einer Unterbrechung des Selbstobjektbandes (rupture of selfobject tie), wenn ich das dringende Bedürfnis dieser Patientin, meine Bemühung um die Aufrechterhaltung unseres Bandes zu spüren, verletzte.

Durch unsere gemeinsame Arbeit hatten sich ihre Erwartungen an sich selbst und auch an mich verändert. Jetzt war sie dazu in der Lage, die Reparatur des Bruches (restoration of disrupture) von sich aus einzuleiten. Ich trug zur Wiederherstellung des unterbrochenen Bandes bei, indem ich anerkannte, daß sie das Gefühl hatte, daß sie mich während des Interviews bei sich gehabt hatte. Ihr spielerischer Kommentar, an mich gerichtet, war der Beweis für die Transformierung ihrer fragilen Selbstorganisation in eine kohäsivere Selbstorganisation, in der sie auch Humor entwickeln konnte. Ihre Bindung an mich war jetzt weniger konkret geworden. Sie war abstrakter, so daß sie mich »mitnehmen« (»take me with her«) und meine Gegenwart im Interview spüren konnte. Ihre Ambitionen und ihre Fähigkeit, mehr zu konkurrieren und sich zu behaupten, blühten auf. Aber in ihrer Bindung an mich war ich noch nicht genügend depersonalisiert.

Sie brauchte noch meine Teilnahme, indem sie mich zum Interview »mitnahm«. Ich wurde noch gebraucht, um sicher zu stellen, daß das Band hält. Ihr spielerischer Kommentar signalisierte mir ihre größere Beweglichkeit und Autonomie.

Meine Deutung enthielt mehrere Mißverständnisse. Das erste war, daß ich der Patientin vermittelte, sie sei immer noch in der Umklammerung einer masochistischen Haltung, ein Muster, von dem sie und ich wußten, daß es aus ihrer frühen Beziehung zu ihrer Mutter stammte. Das heißt, ich setzte den Fokus auf ihre Wiederholung einer frühen Bindung statt auf die Transformationen, die im Lauf ihrer Analyse stattgefunden hatten.

Die Wiederholung einer masochistischen Bindung bezog sich auf die Bedrohung, die die Patientin erlebte, sie könnte von ihrer Mutter, die mit der Sorge um ihre eigenen Eltern und Schwestern beschäftigt war, verlassen werden. Um die Aufmerksamkeit ihrer überlasteten Mutter zu gewinnen, nahm die Patientin sich zurück, stellte so wenig Forderungen wie möglich und lernte, von anderen wenig zu erwarten. Auf diese Weise wehrte sie ihre Erwartung, verlassen zu werden, ab. Während der Pubertät erfuhr dieses masochistische Muster und ihre Selbstorganisation eine entscheidende Transformation ihrem Vater gegenüber.

Bis in die Pubertätsjahre der Patientin war der Vater ein mutiger, politisch aktiver Mann, der von ihr und seinen politischen Freunden etwas romantisch gesehen wurde. Er galt als stark und charismatisch. Ihre Bindung an den idealisierten Vater hob sie heraus aus der masochistischen Bindung und der depressiven Welt ihrer Mutter.

Die Patientin erinnerte, wie sie vom Vater zu seinen politischen Treffen mitgenommen wurde. Er hob sie hoch und setzte sie auf einen Tisch auf dem Podium, von dem aus er zum Publikum sprach. Sie saß dort aufgeregt und beobachtete ihn die ganze Zeit voll Ehrfurcht. Am Schluß hob er sie schwungvoll wieder herunter. Von ihrem Vater zu solchen Höhen gehoben zu werden, mit all den begleitenden Gefühlen von Aufregung, wurde zur Modellszene in der Behandlung. Sie beschrieb ihr Erleben von Aufregung, als er auf der Höhe seiner Macht war und sie so stolz herzeigte (showed her off). Sie hatte das Gefühl, seinen Triumph zu teilen. Diesem Erleben folgte jedoch eine Enttäuschung. Die unmittelbare Enttäuschung war die Rückkehr nach Hause zur depressiven Mutter. Später gab es eine weitere Enttäuschung: gegen Ende ihrer Pubertät verlor der Vater, nach seiner eigenen Wahrnehmung durch »falsche Beurteilung«, seine gute Stellung in der Gemeinschaft.

Die Patientin erlebte den Abstieg ihres Vaters als einen verheerenden Schlag. Um sich selbst zu stützen, stellte sie sich vor, sie könne ihn zu seinem früheren Ruhm zurückführen, vor allem aber, daß er sie dazu brauche. Dann würde sie wieder an seiner Macht und seinem Schutz teilhaben und wieder die Aufregung und die Sicherheit fühlen, die ihr vor seinem Abstieg so gut getan hatten. Mit Hilfe dieser idealisierten Verbindung (tie) zu ihrem Vater konnte sie die Ressourcen, die sie durch ihn gewonnen hatte, behalten und nutzen. Diese Ressourcen schlossen ein breiteres Verständnis der Welt ein, den »Blick vom Podium« und eine Reihe von intellektuellen und sozialen Werten, die Wärme ihres Vaters und seine Offenheit für kulturelle und sinnliche Interessen wie Musik, Kunst, Speisen, die ihr im Vergleich zu der engen Begrenztheit ihrer Mutter eine neue Welt eröffneten.

Die idealisierende Selbstobjektübertragung der ersten Analysejahre hatte ihren Ursprung in der Bindung der Patientin an den idealisierten Vater. So lange sie fühlte, daß ich eine Quelle von Stärke und Macht war, an der sie teilhaben konnte, konnte die Behandlung Fortschritte machen. Das Vermächtnis der Ressourcen ihres Vaters konnte dadurch allmählich zurückgewonnen und bestätigt werden. Meine Akzeptanz oder sogar mein Vergnügen daran, idealisiert zu werden, ermöglichten es der Patientin die idealisierende Übertragung zu entwickeln und so erfolgreich aufrechtzuerhalten. Mein Akzeptieren der Idealisierung durch die Patientin war mein unspezifischer Beitrag zur Übertragung, durch die sie ihr Kompetenzgefühl wieder herstellen konnte und Ressourcen wiederfand, die es ihr ermöglichten, nach einem besseren Job zu suchen.

Die Patientin konnte ihre Ressourcen, entsprechend ihrer Selbstorganisation, durch die Phantasie nähren, daß ursprünglich ihr Vater - und jetzt in der Behandlung ich - sie dazu brauchte, um in einer überragenden Position zu bleiben. Sie fühlte sich leistungs- und funktionsfähig, solange sie davon überzeugt war, daß ich sie brauchte, um mich zu stärken. Im Verlauf der Analyse kam es immer dann zu Unterbrechungen der idealisierenden Übertragung, wenn ich ihr Deutungen anbot, die ihr zeigten, daß ich sie nicht brauchte, um für mich zu sorgen, wenn ich z.b. ihre Selbstaufopferung oder ihren Masochismus deutete. Allmählich konnten wir diese Unterbrechungen, die Natur des Bandes, seine Geschichte und seine Rolle in der Übertragung verstehen. Dabei entdeckten wir z.b., daß meine Bemerkungen über ihre Selbstaufopferung von der Patientin so verstanden wurden, daß ich es nicht brauchte, daß sie sich für mich aufopferte. Darüber hinaus wurde durch meine »falsche Beurteilung« bei solchen Deutungen ihre Enttäuschung über die »falsche Beurteilung« ihres Vaters wiederbelebt.

So wie, meiner Ansicht nach, die Übertragung gemeinsam gestaltet wird (co-constructed), wird auch die Unterbrechung der Übertragung gemeinsam gestaltet. Sie ist weder nur eine Folge der Pathologie der Patientin, ihrer negativen therapeutischen Reaktion, noch meiner Gegenübertragung oder meines Empathieversagens. Durch sorgfältige Untersuchung, ähnlich einer Einzelbildanalyse von Mutter-Säugling-Interaktionen, entdeckten wir, in welchem Ausmaß sie das Gefühl brauchte, mich zu unterstützen, damit sie sich sicher und kompetent fühlen konnte.

Unterbrechungen der Selbstobjektverbindung oder Brüche in der empathischen Bindung können nicht vermieden werden. Egal wie taktvoll, sorgsam oder sensibel ein Analytiker sein möchte, Unterbrechungen passieren, und sie sind wichtig, um die spezifischen Verletzbarkeiten im Selbstgefühl des Patienten zum Vorschein zu bringen.

Eine zweite Schwierigkeit bei meiner Deutung war, daß ich den Bericht der Patientin über ihr Vorstellungsgespräch zu wörtlich genommen hatte. Wie kam das? Es gibt eine Reihe von persönlichen Gründen, die ich hier berücksichtigen könnte: Habe ich zu konkret reagiert aus meiner eigenen Angst heraus? War ich ängstlich, weil ich befürchtete, die Patientin könnte zu einem alten Verhaltensmuster zurückkehren, was bedeutet hätte, daß Jahre analytischer Arbeit umsonst gewesen wären? Fühlte ich mich unwohl wegen des Ausmaßes der Idealisierung durch diese Patientin? Mochte ich die Idealisierung und fühlte mich allmählich unwohl, gerade weil ich sie mochte? Wenn ich diese Möglichkeiten auflíste, spekuliere ich über meine Anteile am Zustandekommen der Übertragung und der Unterbrechung bzw der Wiederherstellung. Keine dieser Überlegungen besprach ich mit der Patientin, denn solche Offenbarungen sind meiner Ansicht nach nicht notwendig. Ich glaube auch nicht, daß diese persönlichen Themen durch die Patientin bei mir provoziert, induziert oder in mich projiziert worden sind. Eine solche Auffassung von Übertragung-Gegenübertragung nimmt eine Perspektive ein, in der die Patientin sowohl für die Übertragung als auch für die Gegenübertragung verantwortlich gemacht wird. Ich denke, daß ich bestimmte eigene organisierende Prinzipien mit in die Übertragung hinein bringe. Meine Themen tragen zur Gestaltung der Übertragung der Patientin bei, ebenso wie ihre Themen meine Gegenübertragung beeinflussen. Jede Patientin aktiviert verschiedene Aspekte solcher persönlichen Themen und trägt zu ihrer Ausgestaltung bei.

Bei der Diskussion dieses Falles habe ich eine Modellszene erwähnt, die die Patientin und ich co-konstruiert hatten, nämlich, daß sie aufs Podium hinaufgehoben wird und dabei an der idealisierten Stärke des Vaters partizipiert. Ich fand, daß die Erinnerung an diese Szene ihre Gefühlsschwankungen mir gegenüber, ihre Beziehung zu den Eltern, und auch ihre Eigenart, um jeden Preis »mit dem Vater auf dem Podium« stehen zu wollen, enthielt.

Modellszenen sind Metaphern (Lachmann und Lichtenberg 1992). Sie können sich von frühen Erlebnissen herleiten, aber nicht ausschließlich. Auch Ereignisse im späteren Leben, Traumbilder und sogar Szenen aus einer Lektüre können Modellszenen liefern. Modellszenen können eine charakterliche Eigenart, ein Beziehungsthema oder eine Übertragungsinteraktion darstellen und somit erhellen, was bis dahin vielleicht rätselhaft erschienen war. Modellszenen können aus jeder Altersstufe des Patienten stammen.

Das Konzept der »Modellszene« ist eine Weiterentwicklung von Sterns RIGs (Representations of Interactions that are Generalized), Repräsentanzen von generalisierten Interaktionen.

Laut Stern können RIGs auf konservative oder auf radikale Art und Weise zustandekommen.

Wenn sich Erlebnisse anhäufen und daraus sozusagen ein »Mittelwert« gebildet wird, dann führt das zu konservativen RIGs. Spezifische Erlebnisse einschließlich Traumata resultieren hingegen in radikalen RIGs. RIGs werden in der Folge durch Phantasie- und Abwehrvorgänge subjektiv elaboriert und verändern sich weiter im Verlauf von Reifung und Entwicklung.

Wir sehen immer deutlicher, in welch enger Beziehung RIGs und Internalisierung zueinander stehen. Gegenüber manchen Theorien, bei denen Frustration in dieser oder jener Form als die via regia zur psychischen Strukturbildung gilt, ist festzuhalten, daß auch nicht-frustrierende Erlebnisse und nicht-deutende Interventionen zur Elaboration einer inneren Welt von Erwartungen und Einschränkungen führen können.

Die Modellszene des Hochgehobenwerdens auf das Podium stand für eine Interaktion zwischen der Patientin und ihrem Vater. Sie entspricht einem radikalen RIG und leitet sich von Erinnerungen der Patientin her, die in ihrem täglichen Leben eher singulär waren. Die Erinnerungen wurden mit einem erhöhten Affekt aufgeladen und mit einer Fülle von Bedeutungen versehen. Durch die Herausarbeitung dieser Themen in einer scharf umrissenen, bildlichen und metaphorischen Form gelang es uns, Brüche in der Übertragung zu verstehen, die bis dahin für uns ziemlich rätselhaft gewesen waren.

Ein anderes Beispiel: ein Patient empfand, auf der Couch liegend, plötzlich ein unangenehmes Kribbeln in den Beinen. Wir untersuchten, in welchem Zusammenhang dieses Kribbeln in der Stunde auftrat. Nachdem das Kribbeln sich in mehreren Stunden wiederholt hatte, teilte der Patient mir einmal mit, er habe den Eindruck, daß ich etwas sagen wolle, denn er habe eine Veränderung in meiner Atmung wahrgenommen. Davor hatten wir beide eine Weile geschwiegen. Ohne daß wir uns dessen bewußt gewesen waren, hatte zwischen uns ein Austausch nur aufgrund von Geräuschen stattgefunden. Mit Hilfe seiner Beschreibung, wie er sich fühlte und was die spezifische Qualität seines Unbehagens war, konnte ich das Kribbeln und seine Position auf der Couch nun zur Konstruktion einer Modellszene benutzen: der Patient lag, als er das Kribbeln empfand, mit ausgestreckten Beinen da. Ich sagte, das sei ähnlich, wie wenn ein Baby in seinem Bettchen auf dem Rücken liege und auf den Arm genommen werden wolle. Wenn es Schritte näherkommen höre, warte das Baby aufgeregt darauf, daß es hochgehoben werde, in diesem Fall vom Vater. Aber dann gehen die Schritte vorbei und das Baby wird in seinem erregten Zustand alleine gelassen. Wir wußten beide nicht, ob der Patient dies jemals so erlebt hatte. Wir versuchten nicht, ein bestimmtes Ereignis zu rekonstruieren, sondern wir arbeiteten eine Metapher heraus, welche seine Körperempfindung der Erwartung, auf den Arm genommen zu werden und des Liegengelassenwerdens erfaßte. Diese Szene beschrieb eine wesentliche Dimension seiner generellen Ängstlichkeit und warf ein Licht auf sein Erleben in der Analyse.

In ähnlicher Weise wissen wir auch nicht, ob die zuvor beschriebene Patientin jemals, wie sie erzählte, von ihrem Vater aufs Podium gehoben wurde. Es ist nicht entscheidend, ob die Dinge tatsächlich stattgefunden haben, wichtiger sind ihre organisierenden, metaphorischen Implikationen. Sie beschreiben in scharf umrissener Form Themen, die das Erleben der Patientin, ihre Symptomatik, sowie eine vorherrschende Übertragungskonfiguration organisieren.

Die Exploration der Modellszene jenes Patienten, der darauf wartete, auf den Arm genommen zu werden, machte deutlich, wie er ständig damit rechnete, ignoriert zu werden. Er erwartete in einer charakteristischen Weise, daß er in einen Erregungszustand versetzt und dann mit der Regulierung seiner Erregung alleingelassen würde. Wir fingen an, besonders auf solche Augenblicke in der Analyse zu achten, in denen er darauf wartete, daß ich etwas sagen würde und ich mir entweder zuviel Zeit damit ließ oder zögerte oder mir nichts einfiel. Nach der Exploration der Modellszene trat das Kribbeln nie wieder auf.

Das Verfolgen (tracking) seines unlustvollen Affekts ließ uns herausfinden, was den Patienten zum Zittern brachte. Er fürchtete, andere vor den Kopf zu stoßen. Seine große Sorge war, daß er jede Chance auf Aufmerksamkeit verlieren würde, wenn er seine Erwartungen und seine Enttäuschung zum Ausdruck brächte. Stattdessen wurde er übermäßig anpassungsbereit und machte seine unterdrückte Enttäuschung mit sich selbst aus. Als sein Analytiker mußte ich deshalb nicht mehr oder schneller oder weniger zögernd sprechen. Wir schauten uns vielmehr die Situationen an, in denen er, nach seinem Affekt zu schließen, das subtil Gefühl hatte, von jemand allein gelassen zu werden, dessen Aufmerksamkeit er verzweifelt suchte.

Dieser Mann beschrieb sich selbst als hilflos und als unfähig zur Regulierung seiner Unlustzustände. In seiner Wahrnehmung waren andere Menschen mit sich selbst beschäftigt und hatten keine Aufmerksamkeit für ihn übrig. Diese affektgeladenen Beschreibungen von sich und anderen waren in derselben Weise organisiert wie bestimmte Facetten der aktuellen Interaktion zwischen Analytiker und Patient und umfaßten auch Erwartungen aus früheren Zeiten. Diese Erwartungen wurden dann rigide wiederholt und dem gegenwärtigen Erleben aufgedrückt. Im günstigsten Fall sind Erwartungen flexibel. Sie verändern das laufende Erleben und werden durch das Erleben verändert. Die Untersuchung der Sequenz, daß man die Reaktion eines anderen erwartet, daß man ignoriert wird und dann seine Erregung selbst regulieren muß, kann in die analytische Dyade einbezogen werden. So organisiert die laufende Interaktion zwischen Analytiker und Patient, zusätzlich zur deutenden Intervention, »neue« Erwartungen, nämlich verstanden zu werden und eine Reaktion zu erhalten. Die laufende Interaktion ist Teil des Transformationsprozesses, der in einem dialektischen Verhältnis zur Wiederholung steht.

Veränderungen sind eine Folge der kontinuierlichen Interaktion zwischen dem Menschen und seiner Umgebung. Das Transformationsmodell der Entwicklung erkennt die Beiträge verschiedener Entwicklungsstufen an, nicht nur der frühesten. Bei der Frau, die für ihre eigene Autonomie sorgen konnte, fanden die entscheidenden Veränderungen der Ressourcen und der Abwehr in der Pubertät statt.

Ich habe beschrieben, wie das Erstellen eines Katalogs über das Spektrum kindlicher Fähigkeiten eine sehr vielfältige Welt des Erlebens von Selbst, von Anderen und der Interaktion von Selbst mit Anderen erschließt. Ich komme nun zum anderen Zugangsweg zu den

Beiträgen der Säuglingsforschung zur Erwachsenenanalyse, nämlich der Arbeit, die ich gemeinsam mit Joe Lichtenberg und Jim Fosshage gemacht habe.

Das Spektrum kindlicher Fähigkeiten, das von den Säuglingsbeobachtern verzeichnet wurde, führte zur Entwicklung einer Theorie der Motivation, in der fünf verschiedene Motivationssysteme angenommen werden. Es handelt sich um 1) das Bedürfnis nach psychischer Regulation physiologischer Erfordernisse, 2) das Bedürfnis nach Bindung und später nach Zugehörigkeit, 3) das Bedürfnis nach Selbstbehauptung und Exploration, 4) das Bedürfnis nach sinnlicher Lust und sexueller Erregung und 5) das Bedürfnis nach aversiver Reaktion und/oder Rückzug.

Jedes dieser Systeme beruht auf Verhaltensweisen, die bereits in der neonatalen Phase klar beobachtbar sind. Jedes System beruht auf sich wechselseitig regulierenden, angeborenen Bedürfnissen. Jedes ist dazu da, die Befriedigung und Regulation eines Grundbedürfnisses sicherzustellen.

In der Säuglingszeit trägt jedes System zur Selbstregulierung und zur wechselseitigen Regulierung mit Pflegepersonen bei. Zu jeder Zeit des Lebens können die Wünsche, Sehnsüchte, Bestrebungen und Ziele, die von den Bedürfnissen in jedem Motivationssystem abgeleitet sind, in verschiedenen Hierarchien neu geordnet werden, abhängig von verschiedenen bewußten und unbewußten Vorlieben, Möglichkeiten und Neigungen. In jedem Moment können die Aktivitäten eines Motivationssystems sich so intensivieren, daß das jeweilige Motivationssystem für das aktuelle Selbsterleben dominant wird.

Im Fall der Frau, die »für ihre eigene Autonomie sorgte«, veränderte sich die Motivation im Verlauf der Analyse. Als sie ihre Behandlung begann, galt ihre Motivation hauptsächlich der Aufrechterhaltung der Bindung auf Kosten der Selbstbehauptung und der Exploration. Um ihr Gefühl, ein Teil der Welt ihres Vaters zu sein, aufrecht erhalten zu können, opferte sie das Durchsetzen eigener Präferenzen und reagierte aversiv, mit unterdrücktem Ärger. Außerdem vermied sie Konkurrenzsituationen, durch die sichtbar werden könnte, daß sie selbstsicher war und niemanden brauchte. Indem sie die Bindung an ihren Vater aufrecht erhielt, konnte sie ihre Neugierde auf das Leben und ihre Fähigkeit zu sinnlichem Genuß lebendig halten. Das Empfinden sexueller Lust war für sie jedoch problematisch, weil es für sie in einem Maße mit Selbstbehauptung verbunden war, daß ihr Bedürfnis, den Vater in einer idealisierten Position zu halten, dadurch bedroht wurde. Im Verlauf ihrer Analyse begann sie sich sicherer in Bezug auf ihre Bindung zu mir zu fühlen. Dies führte dazu, daß sie sich besser behaupten konnte, ambitionierter wurde und konkurrieren konnte. Sie entwickelte auch die Erwartung, daß ich meine Aufmerksamkeit nicht von ihr abwenden würde, wie ihre Mutter es getan hatte. Lange Zeit führten Deutungen über ihren unterdrückten Ärger zu einem Zerreißen ihrer Selbstobjektbindung an mich, und das brachte ernsthafte Störungen in ihrem Leben und in ihrer Therapie mit sich. Das Erkennen der Art der Störung und des jeweiligen Kontextes stellte die Bindung wieder her.

Die Selbstobjekt-Dimension der Übertragung zeigt, inwieweit die Art und Weise, wie der Patient den Analytiker erlebt, allmählich zur Kohäsion und Vitalität des Selbst des Patienten beiträgt. Beatrice Beebe und ich (Lachmann und Beebe 1992, 1995a, 1995b) haben diese Sicht der Übertragung erweitert: Wir messen einer Repräsentanz-Dimension (representational dimension), die verschiedenartige Beziehungserfahrungen enthält, die gleiche Bedeutung zu. Wenn die Selbstobjekt-Dimension intakt ist und deshalb im Hintergrund bleiben kann, dann können die Themen, die in der Modellszene enthalten sind, den Vordergrund des Übertragungsgeschehens besetzen. Die Repräsentanz-Dimension des Selbst, des anderen Menschen, sowie deren Interaktion, die oft in Modellszenen geschildert wird, kann dann untersucht werden.

Im Falle des Patienten, dessen Beine kribbelten, war eine Spiegel-Selbstobjektbindung entstanden. Im Verlauf der Analyse konnte er zunehmend mehr körperliche und psychische Kohäsion erleben. Die Unterbrechung dieser Selbstobjektbindung löste bei ihm Gefühle von Desorientierung und Hilflosigkeit in Bezug auf seine Selbstregulation aus. Das Verstehen der Störung stellte die Bindung wieder her, und sie konnte in den Hintergrund treten. Dann kamen die Repräsentanz-Aspekte der Übertragung des Patienten, seine Angst, diejenigen, von denen er auf den Arm genommen werden wollte, vor den Kopf zu stoßen, in den Vordergrund.

Dies führt zu einem neuen Verständnis von therapeutischer Veränderung. Es beruht auf vier Themen: 1) der Betonung der Co-Konstruktion (der gemeinsamen Gestaltung), 2) dem Beitrag der fortwährenden Analytiker-Patient-Interaktion, 3) dem Anerkennen des Strebens nach Entwicklung und 4) dem Verfolgen von Sequenzen von Unterbrechung und Wiederherstellung der Beziehung. Diese Interaktionen führen zu neuen Erwartungen, nämlich verstanden zu werden, verstehbar zu sein und an einem Dialog teilhaben zu können, bei dem nicht verlangt wird, den anderen zu stärken oder sich für ihn aufzuopfern. Diese neuen Erwartungen führen zu neuen Themen, aber auch zur Umwandlung alter Themen. Ich gehe davon aus, daß alte Themen niemals verschwinden oder aufgegeben werden können. Sie bleiben bestehen, treten aber hinter die neu organisierten Themen zurück. Neu organisierte Themen wie z.B. »ich kann erwarten, verstanden zu werden und daß man sich um mich kümmert« führen zur Neugestaltung des Bindungs- und des Selbstbehauptungsmotivationssystems. Motivationen, deren Verwirklichung früher behindert war, die nicht zur Verfügung standen, können nun genossen werden, wie z.B. Exploration und Selbstbehauptung in Konkurrenzsituationen, sexuelle Erregung und Bindungen ohne den Zwang zur Selbstaufopferung.

Warum bin ich davon überzeugt, daß die psychoanalytische Theorie, die sich auf die empirische Säuglingsforschung und auf die fünf Motivationssysteme stützt, anderen psychoanalytischen Theorien vorzuziehen ist? Zum einen ist diese im Entstehen begriffene Theorie abgeleitet aus der normalen Entwicklung. Sie geht von der Grundannahme aus, daß verschiedene Motivationen potentiell verfügbar sind, und schränkt das Verhalten nicht auf ein oder zwei »Triebe« ein. Darüber hinaus stellt sie feinere Kategorien zur Verfügung, die die Anerkennung der non-verbalen Kommunikation, auf die hin man therapeutische Interventionen untersuchen kann, beinhalten. Schließlich betrachtet diese im Entstehen begriffene Theorie den Analytiker-Patienten als ein System, das die therapeutische Aktion beeinflußt.

Wie jede andere Theorie, beeinflußt auch diese im Entstehen begriffene Theorie klinische Interventionen in eine besondere Richtung, nämlich in Richtung einer Anerkennung der im Laufe der Entwicklung, und zwar in jeder Altersstufe, erworbenen Ressourcen. Wenn man von einem Transformationsmodell der Entwicklung ausgeht, muß man die Entstehung der Pathologie nicht auf die frühesten Lebensjahre einschränken oder die frühe Mutter-Kind-Beziehung als den Ursprung aller Pathologie postulieren. Die organisierenden Tendenzen eines Patienten und der potentiell entscheidende Einfluß von Erlebnissen in der frühen Kindheit bis zur Pubertät, oder sogar später, werden in Modellszenen erkennbar. In beiden Falldarstellungen wurden Modellszenen gemeinsam erarbeitet, in denen der Vater des Patienten eine wichtige Rolle spielte. Eine Szene, in der es um die Bedeutung von Geräuschen ging, stellte ein altes Thema aus der Beziehung des Patienten zu seinem Vater dar. In der anderen Falldarstellung wurde eine Modellszene entwickelt, die aus den Pubertätsjahren der Patientin stammt, als sie und ihr Vater ein Erleben von Aufstieg und Fall organisierten.

Zusammen mit meinen Kollegen Beatrice Beebe, Joe Lichtenberg und Jim Fosshage habe ich zwei getrennte, aber verwandte Systemperspektiven entwickelt: Selbst- und wechselseitige Regulierung und die Motivationssysteme. Obwohl beide Systemperspektiven sich im Niveau der Abstraktion und in ihrer Bezugnahme auf empirische Daten unterscheiden, bieten sie zusammen einen einzigartigen Beitrag zur Behandlung von schwer zugänglichen Patienten. In diesen Therapien bedarf die Interaktion zwischen Analytiker und Patient einer besonders dichten, kontinuierlichen Aufmerksamkeit. Metaphern und Analogien, die von empirischen Säuglingsuntersuchungen abgeleitet sind, bieten Interaktionsmuster an, die unsere Aufmerksamkeit auf etwas richten, das jenseits des üblichen verbalen Austausches ist, und dadurch unser Verständnis der Analytiker-Patient Interaktion erweitern. In diesen Therapien fördert eine Aufmerksamkeit, die sich, analog zu einer Einzelbildanalyse der Säugling-Pflegeperson-Dyade, auf den Prozeß der Behandlung richtet, die therapeutische Wirksamkeit.

In ihrer Untersuchung der Neurobiologie der Motivation stellte

June Hadley (1989) eine Hierarchie der Wege, auf denen das Gehirn Information verarbeitet, zur Diskussion: 1) Vertrautheit und Neuheit; dies beinhaltet Wiederholung und Transformation, 2) das Aufrechterhalten der Erregung in erträglichen Grenzen und 3) Genuß und Schmerz.

Ich glaube, die empirische Säuglingsforschung hat uns mit Neuheiten überschüttet und unsere Neigung zur Suche nach dem uns Vertrauten auf die Probe gestellt. Für Psychoanalytiker ist das Vertraute zu oft verbunden mit dem Vergnügen der Selbstzufriedenheit, sich an das bereits Vertraute zu klammern und dem »Neuen« den Rücken zuzuwenden. Wir sind jedoch neurologisch auch dafür ausgerüstet, Neues zu entdecken. Lernen wir von den Säuglingen, die wir untersuchen, und entwicklen eine Neugierde nach dem Neuen; halten wir am Vertrautem, unserem Wiederholungsprinzip, fest, während wir neues Erleben und neue Daten dazu verwenden, unsere Entwicklungstheorien und die klinische Praxis der Psychoanalyse zu transformieren.

Übersetzung: H. Bodansky, G. da Coll, N. Silberner-Becker

Anmerkungen

1 Eine kürzere Version dieses Vortrags wurde anläßlich der Verleihung des Distinguished Scientific Award beim 18. Annual Spring Meeting, Division 39, AFA, in Boston, MA am 24. April 1998 vorgetragen.

Literatur

Beebe, B., und Lachmann, F. M. (1994): Representation and internalisation in infancy: three principles of salience. Psychoanalytic Psychology 11: 127-165.

Gill, M. (1982): Analysis of the transference, Vol.1, New York (International Universities Press).

Hadley,J. (1989): The neurobiology of motivational systems. In: Lichtenberg, J. D. (Hg.): Psychoanalysis and motivation. Hillsdale, NJ (Analytic Press), S. 227-372.

Hartmann, H. (1939): Ich-Psychologie und Anpassungsproblem. Stuttgart (Klett) 1975.

Hartmann, H., Kris, E., und Loewenstein, R. (1946): Comments on the formation of psychic structure. Psychoanalytic Study of the Child 10: 9-29.

Klein, G. S. (1969): Freud's two theories of sexuality. In: Gill, M., und Holzman, P. (Hg.):

Psychology versus Metapsychology, Psychological Issues, Monogr. 36, S. 14-70, 1976.

Lachmann, F. M. (1998): From narcissism to self pathology to...? Psychoanalysis and Psychotherapy 15: 5-27.

Mahler, M. (1971): A study of the separation-individuation process and it's possible application to borderline phenomena in the psychoanalytic situation. Psychoanalytic Study of the Child 26: 403-424.

Mahler, M., Pine,F., und Bergmann, A. (1975): Die psychische Geburt des Menschen. Frankfurt (Fischer) 1978.

»Jedem Anfang wohnt ein Zauber inne...«

Zum psychoanalytischen Verständnis und Umgang mit akut psychotisch erkrankten Menschen[1]

Michael Putzke

Einführung

Ich möchte einen Einblick in den Umgang mit akut psychotisch erkrankten Menschen geben, den ich während meiner zehnjährigen Tätigkeit in der Akutpsychiatrie, davon fünf Jahre in der Vorschaltambulanz, gewonnen habe. Die Vorschaltambulanz dient in erster Linie der Evaluation stationärer Behandlungbedürftigkeit sämtlicher zur Aufnahme in die Klinik kommenden Patienten mit dem Ziel, nach kritischer Eingangsdiagnostik gegebenenfalls teilstationäre oder ambulante Behandlungsangebote machen zu können. Die Klinik hat ca. 3000 Aufnahmen im Jahr, in der Vorschaltambulanz werden davon ca. 1000 gesehen. Ziel soll es dabei sein, psychoanalytisches Handeln in Alltagssituationen vorzustellen.

Die Reflexion über meinen Umgang mit akut psychotisch erkrankten Patienten, wurde durch einen heftigen Affekt forciert, der dadurch entstand, daß ich mich in der Vorschaltambulanz sowohl im Umgang mit den zuweisenden Stellen als auch von den Behandlungsteams im Hause unverstanden und isoliert fühlte. Die überweisenden Stellen ließen in mir die Phantasie entstehen, ich wolle nicht arbeiten, den Patienten nur abwimmeln. Gleichzeitig lautete die Botschaft von den Teams im Hause: Wieso soll der Patient immer auf unserer Station aufgenommen werden, du quälst uns. In mir entstand Wut, das

Gefühl, völlig unverstanden zu sein in dem Bemühen, mich verständlich zu machen. Mir fiel dabei die Parallele zu der Situation der akut psychotisch erkrankten Menschen auf; mir wurde deutlich, daß das Ausweichen vor der psychotischen Symptomatik mit dieser selbst zu tun hat.

Meine Erfahrung ist, daß es in der Interaktion mit den Patienten gelingen kann, über die Wahrnehmung eines zumeist heftigen Affektes einen Zugang zum Patienten zu erhalten. Meine These lautet deshalb: Die Integration des Affektes in ein konstruktives Verstehen des Patienten läßt den Affekt deutlich geringer werden. Indem wir dem Patienten über diesen Zugang näher kommen können, kann es uns gelingen, ihn aus den ›Todeslandschaften der Psychose‹ (Benedetti 1983) ein Stück weit herauszuführen, dem Fragmentierungsprozeß entgegenzuwirken. Gleichzeitig lassen sich die Verhaltensweisen der Therapeuten häufig aus der Interaktion mit dem Patienten ableiten, da es auf beiden Seiten dazu kommt, daß grundlegende Bedürfnisse nicht befriedigt werden.

Ich werde dabei zunächst mein psychodynamisches Verständnis von Psychosen darstellen (vgl. Milch u. Putzke 1991), dann auf die Beziehungsgestaltung zwischen Patienten und Therapeuten in der Aufnahmesituation eingehen. Anschließend werden daraus Zugangsmöglichkeiten für den Umgang mit akut psychotisch erkrankten Menschen beschrieben.

Psychose als Desintegration des Selbst

Wenn wir vom Selbst sprechen, dann meinen wir denjenigen Teil unseres Erlebens, der uns ein Gefühl von Selbstsein vermittelt. Nach Wolf (1989) stellt das Selbst ein inneres organisierendes Prinzip dar, das über eine im Laufe der Entwicklung entstandene strukturierte Organisation von Erfahrungen uns als Person ein Gefühl für das individuelle Selbstsein und einen Sinn von uns selbst verleiht. Bei gelungener Entwicklung wird das Selbst in Form von Selbstachtung und Wohlbefinden spürbar. Die Stabilität des Selbst kann aber in bestimmten Situationen langsam oder plötzlich verloren gehen, z. B. im Rahmen der Entwicklung zu einem anderen Selbstgefühl im

Lebenszyklus oder durch einen plötzlichen Verlust des Wohlbefin-
dens aufgrund von Erfahrungen von Kränkungen, psychischen Verletzungen bis hin zu Traumatisierungen. Bei Zuwachs oder Verlust wird
von einem kohäsiven oder fragmentierten Selbst gesprochen. Meta-
phorisch drückt sich solch ein kohäsiver Zustand in einem »Ich bin
gefaßt« aus. Die Erfahrung der Fragmentierung kann beschrieben
werden mit: »Es zerreißt mich«. Aufgabe des Selbst ist es, immer
wieder eine kohäsive Struktur zu bilden, um damit überhaupt erst die
basalen Voraussetzungen für höhere psychische Leistungen zu schaffen. Als gesunde Funktion ist das Selbst ähnlich wenig spürbar, ein
Beispiel Balints (1960) gebrauchend, wie die Luft zum Atmen. Eine
partielle oder totale Auflösung der Selbststruktur kann als ein Verlust
der Selbstachtung, ein Gefühl der Leere, der Depression, der Wert-
losigkeit oder als Angst erlebt werden. In den schlimmsten Fällen der
Fragmentierung kommt es zu einem Auftreten von Psychosen,
einhergehen mit durchlässigeren Grenzen, verminderter Energie und
Vitalität sowie einer Störung des Kontiunitätsgefühls. Alltägliche
Affekte können das Selbst »überschwemmen« und müssen als
bedrohlich abgewehrt werden. Kognition und Affekte verschwim-
men, so daß die Kognitionen von Affekten bestimmt werden und die
affektiven Wahrnehmungen von kognitiven Fehlinterpretationen (vgl.
Ciompi 1997). Mit dem partiellen oder vollständigen Zusammen-
bruch des Selbst kommt es zum Zerfall der psychischen Organisation und damit der inneren Kohärenz des Selbst, dem Verlust des Iden-
titätsgefühls, des Realitätssinnes, der Raum-Zeit-Struktur und der
Unfähigkeit, sich zu den Objekten in Beziehung zu setzen. Bei zuneh-
mender Fragmentierung ist eine stufenweise Folge von Versuchen
anzunehmen, die das Selbstsystem unternimmt, um sich im Rahmen
seiner noch verfügbaren Möglichkeiten bestmöglichst zu organisieren. Den völligen Zerfall der Struktur, z. B. in der perniziösen Katato-
nie zu vermeiden, ist die übergeordnete Aufgabe aller Autoregula-
tionsprozesse des Selbstsystems. Die bei der Psychose auftretende
Symptomatik hat damit gegenüber der Fragmentierung einen repa-
rativen Charakter. Darüber hinaus stellt die produktive Symptomatik
immer wieder eine Verbindung her zwischen dem fragmentierten
Kernselbst und den abgespaltenen Anteilen, die über die Verlage-

rung nach außen auch die Verbindung zu abgespaltenen Inseln der Realität herstellen.

Der zwischenmenschliche Kontext, in dem die Prädisposition für spätere psychotische Zustände entsteht, kann nach Stolorow u. a. (1987) verallgemeinernd wie folgt aufgefaßt werden: In der Kindheit später an einer Psychose Erkrankter findet sich häufig eine spezifische strukturelle Schwäche, die die Verläßlichkeit der Realitätswahrnehmung und der Gefühle betrifft. Wesentlich für die Strukturierung eines Selbstgefühls ist der Erwerb einer inneren Überzeugung von der Verläßlichkeit des eigenen subjektiven Erlebens. Wenn solche bestätigenden Reaktionen fehlen oder unzuverlässig sind, wird der Glaube an die eigene subjektive Wirklichkeit instabil. Die Bildung des Wahns steht für den verzweifelten Versuch, mit Hilfe konkreter Symbolisation, z. B. in Form von optischen Wahnwahrnehmungen, eine Realität zu erhalten und ihr Wirklichkeit zu verleihen, die begonnen hat, sich aufzulösen. Dabei kann der Konkretisierungsprozeß sich ausweiten. Eskalation und Hartnäckigkeit der wahnhaften Symptomatik können dabei als ein Maß für die Intensität des Bedürfnisses nach Validierung des Kernes subjektiver Wirklichkeit verstanden werden. Besteht eine solche strukturelle Schwäche, so kann eine »Triggersituation« die Erinnerung an eine alte Verletzung wachrufen.

Nach dem Konzept von Lichtenberg (1989) kann es sich um eine »Modellszene« handeln, d. h. ein prototypisches Interaktionsmuster, das stark affektgeladen ist, szenisch im Gehirn gespeichert ist und jederzeit reaktiviert werden kann, wenn im späteren Leben eine vergleichbare Situation auftritt. Die starke emotionale Reaktion weckt das dringende Bedürfnis, eine spiegelnde Einschätzung der subjektiven Realität von einem Mitmenschen zu erhalten. Es ist deshalb nur konsequent, daß , wenn die Symbole, die durch die wahnhafte Symptomatik zum Ausdruck kommen, vom Therapeuten wörtlich genommen und als Verrücktheit zurückgewiesen werden, im Patienten das Bedürfnis nach Validierung der subjektiven Wirklichkeit verstärkt und damit der psychotische Prozeß intensiviert wird. Wenn dies dringende Bedürfnis, eine Bestätigung von Seiten der Umwelt bezüglich der Einschätzung der eigenen Affekte und Wahrnehmungen zu erhalten, nicht erfüllt wird, kann ein Mensch sein

Vertrauen in die eigene psychische Realität nicht aufrecht erhalten. Das affektive Erleben kann nicht mehr integriert werden, die kognitiven Funktionen werden instabil.

Die Bedeutung der Affekte

Die Bedeutung der Affekte, deren Integration bzw. Dysfunktion kann als Stellenwert für die Regulation der psychischen Stabilität nicht hoch genug eingeschätzt werden. Für Ciompi (1997) und Machleidt u. a. (1999) stellen sie den zentralen Aspekt der Psychosen dar. Stern (1985) betrachtet Affektivität als eine »Selbst-Konstante«, die zur Entwicklung des Gefühls eines »Kernselbst« beiträgt. Nach Stolorow u. a. (1987) ist die »Interpersonale Affektivität« durch das gegenseitige Teilen eines affektiven Zustandes charakterisiert. Ein Fehlen einer stetigen, empathischen Reaktion auf die affektiven Zustände des Kindes führt zu winzigen, aber bedeutungsvollen Entgleisungen optimaler Affektintegration und zu einer Tendenz, affektive Reaktionen aufzuspalten oder zu leugnen. Dem Kind droht dann Selbst-Fragmentierung, wenn seine affektiven Zustände nicht auf die notwendigen Reaktionen seiner Umwelt stoßen und deshalb nicht zu einer Integration in die Organisation seines Selbsterlebens führen. Es werden dann Schutzmaßnahmen gegen Affekte notwendig, um eine zerbrechliche Selbststruktur zu bewahren. Dem Bedürfnis nach Selbstobjekt-Bindungen entspricht das Bedürfnis nach spezifischen, notwendigen Reaktionen auf unterschiedliche Affektzustände. Um in die Lage versetzt zu werden, eine Affektdifferenzierung vornehmen zu können, bedarf es einer Umwelt, die aufgrund einer klar strukturierten Wahrnehmung der eigenen Person und des anderen die unterschiedlichen Affektzustände des Kindes verläßlich erkennen, unterscheiden und angemessen auf sie reagieren kann. Zur Synthese widersprüchlicher affektiver Erlebnisse bedarf es der Anwesenheit einer Person, die aufgrund eigener fest integrierter Wahrnehmungen in der Lage ist, zuverlässig die intensiven, widersprüchlichen Affektzustände des Kindes anzuerkennen, zu tolerieren und evtl. dem Kind verständlich machen, daß sie dennoch aus einem einheitlichen kontinuierlichen Selbst herrühren. Das Echo der Sorgeperson ermöglicht eine allmähliche Modulation, Abstufung und ein In-Schach-Halten der starken Affekte. Wenn diese Person in der Lage ist, die wichtige Selbstobjektfunktion durch Nutzung ihrer eigenen affektsignalisierenden Fähigkeiten vorzuleben, tritt ein Internalisierungsprozeß ein, der in der Fähigkeit des Kindes gipfelt, seine eigenen emotionalen Reaktionen als Selbstsignale wahrzunehmen. Schließlich können Affekte, die als Signale eines sich ändernden Selbstzustandes statt als Indikatoren einer drohenden seelischen Desorganisation und Fragmentierung wahrgenommen werden, das Kind in die Lage versetzen, seine emotionalen Reaktionen zu tolerieren, ohne sie traumatisch zu erleben. Stolorow u. a. führen dazu aus:

> » Aus dieser Formulierung folgt, daß in den Fällen, in denen Reste frühen Selbstobjekt-Versagens die analytische Beziehung in auffälliger Weise zu strukturieren beginnen, die Selbstobjekt-Bindung selbst ein zentrales heilendes Moment ist, aber auch eine zentrale Rolle für die Artikulation, Integration und entwicklungsgemäßen Umwandlung des Affektlebens des Patienten spielt«. (Stolorow u. a., 1987, S. 103)

Stern (1997) weist, unter Berücksichtigung der Ergebnisse der Säuglingsforschung, darauf hin, daß die Affektzustände zwischen dem Säugling und seinen Eltern gegenseitig reguliert werden müssen, wobei dies weniger über explizite Verhaltensweisen geschieht als über implizite Veränderungsprozesse. Übertragen auf therapeutische Beziehungen bedeutet dies, daß die impliziten Veränderungsprozesse zum Motor therapeutischer Veränderungen werden können. (Woran erinnern wir uns aus unseren eigenen Analysen? Deutungen oder spontanes Verhalten?) Von großer Wichtigkeit sind die impliziten Veränderungen auch für die realen Interaktionen, die sich in der Übertragung und der Gegenübertragung abbilden. Für Stern sind Affekte eine zeitlich ausgedehnte Form des Erlebens. Wie wir in Interaktion mit dem Patienten treten, formuliert er wie folgt:»Zunächst erfassen sie die Globalität des Motives und versuchen, die charakteristische Spannungslinie herauszufinden, die zu einem Endergebnis führt« (Stern 1997, S. 20). Es komme zu einer impliziten Veränderung immer dann, wenn es möglich ist, sich mit den in der Erfahrung niederschlagenden Veränderungen der Gefühlszustände einverstanden zu erklären.

Wahrnehmungswelt eines akut pschotisch erkrankten Menschen

Wieso soviel über die Affekte, die Säuglingsforschung? Ich glaube, daß diese Grundlagen uns besser verstehen helfen, wie sich die basalen Erschütterungen, die sich während einer akuten Psychose einstellen, vom Patienten, aber auch vom Behandler erlebt werden. Gleichzeitig erlauben sie, Möglichkeiten des Umgangs mit dem Patienten und mit sich selbst besser zu gestalten.

Was geschieht in einem akut psychotisch erkrankten Menschen, der zur Aufnahme kommt? Zunächst leiden diese Menschen an einer Beziehungsstörung, die Fähigkeit zu einer bekannten sozialen Beziehungsaufnahme ist gestört, die Fähigkeit, in zwischenmenschlichen Beziehungen Grenzen zu ziehen und zu wahren, ist mehr oder weniger verloren gegangen. Damit obliegt die Regulation von Nähe und Distanz weitgehend dem Gegenüber, wobei die Fähigkeit des psychotisch erkrankten Menschen zur – wenn auch ungewöhnlichen – Beziehungsgestaltung nicht unterschätzt werden sollte. Indem wir genau hinhören und hinsehen, können wir etwas von den Angeboten wahrnehmen, etwas, das sich zum Teil schwer verbalisieren läßt, sich eher im Handeln und den Affekten ausdrückt. So kann ein ungewaschener Patient verschiedenes ausdrücken: Duftmarken zu setzen, um überhaupt etwas eigenes zu haben; seiner Hilflosigkeit Ausdruck verleihen; sich selber nicht mehr wahrzunehmen; den Gegenüber auf Distanz zu halten; Hilfe einzufordern; den Schmutz als Schutz zu verstehen; oder ihn gar als lebensnotwendig anzusehen, den Schmutz der Menschheit auf sich zu nehmen, um diese zu erlösen. So mußte z. B. eine Patientin immer in die Hose urinieren, damit die Sonne nicht explodiert und alles vernichtet wird. Bitte stellen sie sich die Beziehungsaufnahme an dem Beipiel vor, wenn diese nicht verbalisierte Botschaft als bloßer Dreck wahrgenommen wird, den es zu beseitigen gilt. Es ist also unsere erste Aufgabe, über ein angenehmes zwischenmenschliches Klima hinausgehend die Beziehung zum Patienten zu gestalten, indem wir versuchen, ein interpersonelles Feld herzustellen.

Darüber hinaus hat der psychotische Mensch nicht mehr das Erleben, daß ein Gedanke ihm gehört. Er hat aufgehört, Subjekt zu sein, er erlebt sich als Objekt, oder die Umgebung, die Mitmenschen werden ein Teil von ihm. Die Welt des Patienten verliert häufig den Charakter der Objektivität, sie bezieht sich ganz auf ihn. Die Anwesenheit fremder Teilidentitäten verursacht immense Angst. Um dieser Angst zu begegnen, bedarf es einer Fähigkeit, die Benedetti wie folgt beschreibt:

> »Diese gespaltene, desorganisierte, fragmentierte und verformte Identität des schizophrenen Kranken ist eine ungeheuere Herausforderung an uns Therapeuten, teilweise auf die Grundfesten der gesunden Identität, d. h. auf die lediglich beobachtende Funktion zu verzichten, um den Kranken zu begegnen, um uns durch sein Erleben erschüttern zu lassen und aus einer solchen Erschütterung heraus therapeutische Worte zu finden. Wir können nicht neutral am Kranken vorbeigehen, an einem Menschen, der, bei aller Zerstörung seiner Identität, doch mit ergreifenden Worten dem metaphysischen Ursprung der Dinge und seines Lebens Ausdruck gibt«. (Benedetti, 1992, S. 19)

Die Ähnlichkeit zu dem von Stolorow u. a. (1987) und Stern (1997) Gesagten ist auffallend. Der psychotisch erkrankte Mensch bedarf unserer Hilfe, indem wir sein auflösendes Erleben in uns zusammenfügen, indem wir uns mit unserer eigenen Identität dem Identitätsverlust des Kranken gegenüberstellen. Dies kann sich z. B. in unserer inneren Gewißheit von der Behandlungsbedürftigkeit widerspiegeln, einer Haltung, die allerdings nicht mit einer »objektiven Wahrheit« verwechselt werden sollte.

Ein weiteres Dilemma besteht in der Unabgetrenntheit von der Welt: das Innere wird als Außen wahrgenommen und umgekehrt. Diese Fusionsangst bedingt ein therapeutisches Vorgehen, in dem man zum einen selber angstfrei bleiben kann, zum anderen sich auch partiell mit dem Erleben des Patienten identifiziert, d. h. der Therapeut ist *auch* in der Hölle, *auch* am Rande des Abgrundes, *auch* im Wahnlabyrinth. Neben der Fusionsangst existiert auch eine Spaltungsangst beim Patienten, der zwar in einer privaten Welt lebt, an der allerdings nichts davon privat ist. Diese »dritte Realität«, neben der Introspektion und der außerhalb wahrgenommenen, ist für den Patienten monströs und panikerregend.

Aggressives Verhalten bei psychotischen Patienten ist häufig der verzweifelte Versuch, sich vor der völligen Auflösung zu schützen, aber in der Aufnahmesituation oftmals ein Hinweis auf die Scham der Niederlage, die in der Psychose enthalten ist. Bruns (1997) weist auf die Beziehung zwischen aggressivem Verhalten und der Abwehr von Angst hin. Der Patient möchte durch die wahrnehmende therapeutische Einstellung vor der eigenen Aggressivität, die ihm selber Angst macht, in Schutz genommen werden. Die Reaktion des Therapeuten kann beispielsweise der Ausdruck der Sorge vor der Selbst- oder Fremdzerstörung des Patienten sein. Allerdings reicht bloße »Güte« des Therapeuten oftmals nicht aus, er kann seine eigenen aggressiven Anteile durch sein »Ärgerlich-werden« dem Patienten zur Verfügung stellen, damit zum Ausdruck bringen, daß das geäußerte Gefühl in einem gemeinsamen menschlichen Bereich liegt und damit veränderbar ist.

»Wenn wir die ganze Stoßkraft der destruktiven Macht erfahren und dabei nicht aufhören, den Patienten anzunehmen, lassen wir ihn dadurch spüren, daß wir bereit sind mitzutragen und nicht bloß zu demaskieren.« (Benedetti, 1992, S. 117)

Gefährdungen der therapeutischen Haltung

Ausgangspunkt dieser Überlegungen bildete eine heftige affektive Reaktion auf meine Umgebung, die mich konkordant die Abwehr der Umwelt gegenüber psychotisch kranken Menschen spüren ließ. Das Erleben der intensiven emotionalen Nähe zur psychotischen Symptomatik kann im Therapeuten und in der Umwelt enorme Ängste mobilisieren. Um dieser archaischen Wucht zu entgehen, ist man versucht, durch Rationalisierung im Sinne »emotionsloser Professionalität« eine affektarme Situation zu schaffen. Dabei ist der Behandler darauf angewiesen, sowohl für sich als auch für den Patientn eine fördernde Selbstojektbeziehung zu erhalten. Die Therapeuten stehen aber, bedingt durch die oben beschriebene Symptomatik des an einer Psychose Erkrankten, vor demselben Dilemma wie dieser. Das Bedürfnis nach Sicherheit und Geborgenheit wird durch den Psychotiker radikal in Frage gestellt, alles Verbindliche, alles zuvor einigermaßen Geordnete, alle Sicherheit steht bei einer Neuaufnahme zur Disposition. In solchen für beide Seiten destabilisierenden Situationen greifen Menschen auf alte Problembewältigungsmechanismen zurück, um ein gewisses Maß an Sicherheit zu gewinnen. So stellt die Aggression des Patienten, wie bereits oben erwähnt, den verzweifelten

Versuch dar, sich vor der völligen Auflösung zu schützen. Bei den Therapeuten führt die Aggression aber zu einer weiteren Verunsicherung, die zu Reaktionen führt, um weiterhin »Herr der Lage« zu sein. Eine bekannte Reaktion besteht in der Annahme, der Behandler »kenne« eine objektive Realität, die der Patient »verzerrt«. Dies geschieht häufig in Situationen, in denen der Therapeut das eigene Realitätsgefühl bedroht sieht. Dadurch wird eine Abwehrbewegung in Gang gesetzt zwischen der eigenen Wirklichkeit und der des Patienten. Der Versuch, den Patienten die therapeutische »Wirklichkeit« überzustülpen, sie zu überreden, ihre Verrücktheiten, Projektionen und Verzerrungen aufzugeben, dient der Stabilisierung der gefährdeten psychischen Welt des Therapeuten. Die dadurch in Gang gesetzte Eskalation zwischen den beiden Parteien entsteht aus beider verzweifelter Versuche, die Integrität ihrer jeweiligen seelischen Wirklichkeiten zu retten. In dem Maße aber, in dem der Behandler bemüht ist, die eigene Stabilität zu sichern, wird jede empathische Wahrnehmung der subjektiven Wirklichkeit des Patienten unmöglich. Schlimmer, dies führt vielleicht sogar zur Beschleunigung und Abkapselung des psychotischen Prozesses. Anders ausgedrückt: Wenn es dem Therapeuten, warum auch immer, nicht gelingt, den Kern der subjektiven Wirklichkeit des Patienten wahrzunehmen, bleibt dem Patienten nur, den wahnhaften Prozeß, in der Hoffnung auf eine bestätigende Reaktion, zu beschleunigen, wütend gegen Deutungen anzukämpfen, sich definitiv von ihm zurückzuziehen oder die eigene subjektive Welt der des Therapeuten anzugleichen.

Eine andere Reaktion des Therapeuten kann in der theoretischen Annahme liegen, die Störungen des Patienten einzig als intrapsychische Mechanismen zu begreifen. Auch hier kann es zu Behinderungen auf der Suche nach subjektiver Wirklichkeit kommen, und damit wiederum zu einer Verstärkung der psychotischen Symptomatik. Deutungen vor diesem theoretischen Hintergrund können vom Patienten als Mangel an Verständnis oder als ständige Zurückweisung seiner seelischen Wirklichkeit verstanden werden.

Aus all dem Gesagten ergibt sich für den Umgang mit psychotisch akut erkrankten Menschen, daß es nicht in erster Linie die Aufgabe ist, die Realität des Patienten zu strukturieren. Vielmehr sollte die eigene Angst aufgegeben werden, um den Patienten in seinen »Verrücktheiten« zu folgen. Das Wichtigste besteht aber in einer Haltung, die es dem Behandler erlaubt, überzeugend und ohne zu zögern die Gültigkeit der Wahrnehmung des Patienten zu anzuerkennen und den damit verbundenen affektiven Zustand zu teilen. Die Integration des Affektes in ein konstruktives Verstehen des Patienten läßt den Affekt deutlich geringer werden.

Vor diesem Hintergrund kann das eingangs beschriebene Verhalten gegenüber akut psychotisch erkrankten Patienten auch als institutionelle Abwehr (Mentzos 1976) verstanden werden.

Anmerkungen

1 Vortrag anläßlich des 6. Internationalen Selbstpsychologie-Symposiums »Übertragung und Gegenübertragung« vom 3. bis 6. Juni 1999 in Dreieich.

Literatur

Balint, M. (1960): Angstlust und Regression. Stuttgart.

Benedetti, G. (1983): Todeslandschaften der Seele. Psychopathologie, Psychodynamik und Psychotherapie der Schizophrenie. Göttingen.

Benedetti, G. (1992): Psychotherapie als existentielle Herausforderung. Göttingen.

Bruns, G. (1997): Aggression, Gegenaggression und institutionalisierte Abwehr in der Behandlung psychotischer Patienten. In: Verein für Psychoanalytische Sozialarbeit Rottenburg und Tübingen (Hg.) Vom Umgehen mit der Aggressivität. Zur Bewältigung von psychotischer Angst, Depression und agierter Aggression. Tübingen.

Ciompi, L. (1997): Die emotionalen Grundlagen des Denkens. Göttingen.

Lichtenberg, J. D. (1989): Psychoanalysis and Motivation. London (Hove).

Machleidt, W., Haltenhof, H.,und Garlipp, P. (Hg.) (1999): Schizophrenie – eine affektive Erkrankung? Stuttgart.

Mentzos, S. (1976): Interpersonale und institutionalisierte Abwehr. Frankfurt a. M.

Milch, W.,und Putzke, M. (1991): Auswirkungen der Kleinkindforschung auf das Verständnis von Psychosen. Forum Psychanal 7: S. 271-282.

Wolf, E. S. (1989): Das Selbst in der Psychoanalyse: Grundsätzliche Aspekte. In: Wolf, E. S. u. a. (Hg.): Selbstpsychologie. Wien, München, S. 1-25.

Stern, D. N. (1985): The Interpersonal World of the Infant. New York.

Stern, D. N. (1997): Das Objekt im subjektiven Erleben des Kindes. Theorie und Praxis der Psychoanalyse. S. 8-21.

Stolorow, R. D., Brandchaft, B., und Atwood, G. E. (1987): Psychoanalytic Treatment. Hillsdale London. dt: Psychoanalytische Behandlung. Ein intersubjektiver Ansatz. Frankfurt a. M. (1996).

Interview mit
Paul H. Ornstein

Einführung

Dieses Interview wurde zwischen dem 26. Januar und dem 7. Februar 1999 über das Internet geführt (James M. Fisch).

Paul Ornstein wurde am 4. April 1924 in der kleinen ungarischen Stadt Hajdunanas, 200 Kilometer von Budapest entfernt, geboren. Er war das älteste von 5 Geschwistern, hatte 3 jüngere Brüder und eine Schwester. Alle seine Brüder sowie seine Mutter starben in Auschwitz; seine Schwester starb bei einem Bombenangriff auf Budapest. In diesem Interview spricht Paul davon, wie er in einem praktizierenden jüdischen Haushalt aufwuchs, von seinen starken intellektuellen und zionistischen Idealen, seiner lebenslangen Liebe zu Anna, seiner Entschlossenheit, Arzt zu werden um sein Überleben und Auskommen zu sichern; über seine Liebe zur Psychoanalyse, seine Haltung zu dem schrecklichen Leid während des Krieges, seine Auswanderung in die Vereinigten Staaten; seinen ersten Kontakt und seine anhaltende Beziehung zu hervorragenden Klinikern und Lehrern wie Michael Balint und Heinz Kohut, und über sein anhaltendes Streben nach herausragenden Leistungen. Er spricht den starken Nutzen an, den er aus seinen internalisierten jüdischen und intellektuellen Werten zog und er zeigt ein Modell auf, wie ein Mensch selbst unter den extremsten Umständen jene wichtigsten Lebensziele verfolgen kann. Wir beenden das Interview mit einem Überblick über seine kreativen Leistungen.

Für eine detailliertere Darstellung der frühen Jahre von Anna und Paul Ornstein verweise ich auf das Buch: At the Fire's Center – A story of Love and Holocaust survival, hrsg. von Jean Peck, Urbana und Chicago, Ill. (University of Illinois Press), 1998.

Interview

Frage: Paul, um damit zu beginnen: ich verstehe Dich als zutiefst identifiziert mit der Psychoanalyse, dem medizinischen Beruf und der
Selbstpsychologie. Ich frage mich, ob Du auf einem anderen Weg zur
Selbstpsychologie hättest kommen können, und meine erste Frage
ist daher, was Dich eigentlich zur Medizin hingezogen hat?

Antwort: Es wird Dich überraschen – aber ich war überhaupt nicht
hingezogen zur Medizin. Ich interessierte mich als Jugendlicher bren-
nend für jüdische Geschichte, jüdische Philosophie und Literatur und
nahm als »undergraduate« das Studium am Rabbinerseminar in
Budapest auf, als ich 15 war. Innerhalb weniger Wochen wurde ich
durch einen älteren Kommilitonen mit der Psychoanalyse bekannt
gemacht. Er lud uns vier neue Seminaristen ein, mit ihm Freuds
Traumdeutung zu lesen, später dann Ferenczis *Thalassa*[1] und Theodor
Reiks *The Ritual*[2], und ich war davon fürs Leben gefangengenommen.

In späteren Jahren beschloß ich, als ich auf eigene Initiative mehr
las, selber Psychoanalytiker zu werden. Ich mochte das Theoretisie-
ren aus dem Lehnstuhl nicht und fand vieles von dem, was ich las,
faszinierend aber höchst spekulativ. Ich suchte den direkten analytischen Kontakt mit Patienten, um die empirischen Daten zu gewinnen, die mir eine sicherere Grundlage vermitteln würden. Während
der ersten Ausbildungsjahre (1939-1944) war es noch möglich, zu
hoffen, an der Universität Budapest Psychologie, Geschichte und
Philosophie studieren zu können, wenn man zu den höheren Studi-
engängen am Seminar zugelassen wurde. Anders hätte mir die
Universität nicht offen gestanden.

Nach dem Krieg beschloß ich, nachdem ich mich mittlerweile an
der Universität einschreiben konnte, ohne zum Rabbinerseminar zu
gehören, den medizinischen Weg zur Psychoanalyse zu nehmen. Ich
dachte damals, ich müßte Medizin studieren, um etwas über das
Gehirn zu lernen, und um mich mit Patienten vertraut zu machen, die
unter psychosomatischen Beschwerden litten. Ich dachte auch an die
Zukunft und stellte mir vor, daß ich es als Arzt, als Psychiater, leichter haben würde, irgendwo als Immigrant meinen Platz zu finden. Ich

dachte, das rechtfertigte den beschwerlichen Weg durch das Medizinstudium. Aber wie sich herausstellte, war es überhaupt kein Leidensweg. Ich mochte sogar die Anatomie – und die klinischen Jahre waren direkt ein Vergnügen. Aber fünf Jahre Medizinstudium führten mich nicht fort von meinen ursprünglichen Zielen.

Frage: Das ist in der Tat ein interessanter Weg – vom Rabbinerseminar zur Psychoanalyse zur Medizin (und dann wieder zurück zur Psychoanalyse). Nach dem, was Du sagst, klingt es, als ob Du nie wirklich Rabbi werden wolltest, als Du zum Seminar gingst, sondern daß es die jüdische philosophische und intellektuelle Tradition war, die Dich faszinierte. Könntest Du etwas mehr zu Deiner Beziehung zum jüdischen Gedankengut und zu jüdischen Werten sagen?

Antwort: Das stimmt, ich wollte nie Rabbi werden sondern mir das Wissen aneignen, das dazu gehört. Mein Vater war als junger Mann auf zwei verschiedene *Jeschiwot*, Talmud-Akademien, gegangen bevor er seine weltliche Ausbildung machte. Er konnte aus der Bibel, dem Talmud und aus vielen großen Werken der Weltliteratur zitieren. Ich bewunderte diese zwei Gleise seines Geistes und seines Wissens ungemein und wollte es ihm nachtun. Weißt Du, ich wuchs in einem aufgeklärten orthodoxen Elternhaus auf, tief verwurzelt im Zionismus, wo jüdische Bildung zusammen mit genauso hoch geschätzter Allgemeinbildung zu den höchsten Idealen gehörte. Diese Ziele konnte ich nur verfolgen, indem ich zum Rabbinerseminar ging. Was ich zuhause und im Seminar lernte, gab mir später die Stärke, physisch und emotional zu überleben – selbst in den Momenten unglaublicher Herabwürdigung und tiefer Verzweiflung. Es war in jenen Tagen wichtig, zu wissen, wer ich war. Ich fühlte mich als Teil in einer Kette unzähliger Generationen von Juden – ich bin sicher, daß dies für mich (wie für andere) einen Überlebenswert hatte. Ich sage besser nicht mehr zu diesem Thema, weil ich sonst alle Deine weiteren Fragen vorwegnehmen würde.

Frage: Paul, solange wir darüber sprechen, was Dich im Leben auch in jenen schrecklichen Jahren der Verfolgung durch die Nazis aufrech-

159

terhalten hat, ist dies vielleicht ein guter Moment, auf das Thema Deiner Frau Anna zu sprechen zu kommen. Es ist für alle, die Euch kennen klar, daß Anna Deine beliebteste Mitarbeiterin und Partnerin ist. Du warst 17, sie war 14, als Ihr Euch traft, und Eure Geschichte ist die einer großen Liebe und intellektuellen Zusammenarbeit. Kannst Du etwas dazu sagen, was Anna Dir bedeutet hat?

Antwort: Da gibt es nur ein Wort ... Alles! Jim, Du bittest mich, mein ganzes Leben in einige wenige Sätze zu bringen. Das ist unmöglich, aber ich werde es trotzdem versuchen. Es war Liebe auf den ersten Blick. Sie war hübsch (ich mochte diese Zöpfe!). Sie war poetisch, voller Leben und ihre dunkelbraunen Augen leuchteten, wenn sie mir erzählte, was sie, trotz der dunklen Wolken, die am Horizont aufzogen, werden wollte. Ich war erdverbundener und prosaischer – aber ich war auch ein Träumer. Zu ihrem 16ten Geburtstag schenkte ich Anna ein Buch von Charles Baudelaire: *Toi et Moi* (Du und Ich) – das sagt Dir alles. Laß mich nur für den Fall, daß es das nicht tut, einige prosaischen Worte anfügen (Auch ich liebte Gedichte und nahm am Seminar an Vortragswettbewerben teil – Bescheidenheit verbietet mir hinzuzufügen, daß ich oft gewonnen habe).

Ich merkte bald, daß wir zusammen unsere Träume wahr machen konnten, komme was wolle, Himmel oder Hölle – *gemeinsam*. Obwohl ich erst 17 war, wußte ich, was ich wollte. Wir hatten damals nicht den Luxus der längeren Übergangzeit von der Jugend zum Erwachsensein: ein Moratorium gab es für uns nicht. Wir mußten vorwärts gehen. Ich war ein ernster und entschlossener junger Mann, als ich Anna traf, und ich wollte sie nicht aus den Augen verlieren. Wir hatten einen ähnlichen Hintergrund, ähnliche Ziele und eine zionistische Ausrichtung. Wir wußten beide, daß wir nach Palästina gehen wollten, sobald es uns möglich war – um dort ein gemeinsames Leben aufzubauen. Nun, wir trafen uns, wie durch ein Wunder, nach dem Krieg wieder; wir gingen am Ende nicht nach Palästina, aber wir gründeten ein gemeinsames Leben und eine Familie, auf die wir stolz sind. Und glücklicherweise reichte unsere Partnerschaft in viele Bereiche unserer Tätigkeit und unserer wissenschaftlichen Arbeit hinein.

Frage: Danke für den Versuch, Dein Leben in wenigen Sätzen zusammenzufassen. Natürlich kannst Du nicht alles erzählen, aber ich bekomme sicher ein Bild. Bevor wir Europa verlassen und über Eure Ankunft in Amerika am 29. Juni 1951 sprechen, möchte ich Dich fragen, warum Ihr damals den Entschluß fälltet, Euer Medizinistudium in Deutschland, in Heidelberg, aufzunehmen. Die Deutschen hatten Euch soviel Leid und Verlust zugefügt ... Arbeitslager, den Tod Deiner Mutter und Deiner drei jüngeren Brüder und Deiner Schwester, Anna war in Auschwitz und verlor ihren Vater und ihre beiden Brüder ... es ist erstaunlich, daß ihr Eure Wut und Eure Trauer beherrschen konntet, nach Deutschland gehen und sogar ihre Sprache lernen und Eure Lebensziele verfolgen konntet. Sagtet Ihr: »Die Deutschen nahmen uns so viel, wir werden von Ihnen bei Gott verlangen, daß sie uns das geben, was wir jetzt am meisten brauchen«?

Antwort: Das spielte dabei keine Rolle, sondern unsere Motive waren komplexer. Sowohl Anna als auch ich hatten Stipendien für das Medizinstudium in der Schweiz zugesagt bekommen. Das Schweizer Konsulat sagte: »Wenn Ihr einen Paß und das Stipendium habt, dann geben wir Euch das Visum«. Die Stipendiumsleute sagten »Wenn Ihr das Visum habt, dann geben wir Euch das Stipendium«. Wir konnten damals von den Ungarn keine Pässe oder Ausreisevisa bekommen. Einflußreiche Freunde (die die Zusage für das Stipendium besorgt hatten) schlugen vor, daß wir illegal nach Österreich und in Wien zum Schweizer Konsulat gehen sollten – was das Problem lösen sollte. Wir fanden einen Weg heraus aus Ungarn und nach Wien, aber das löste das Problem nicht.

In Wien fragten die Schweizer nach unseren Pässen, und als wir ihnen sagten, daß wir keine hätten sondern illegal aus Ungarn gekommen waren, sagten sie uns: »Jetzt seid ihr staatenlos; als Staatenlosen können wir euch kein Visum geben«. Das war also das Ende davon. Wir hatten zwei Möglichkeiten. Die eine war, nach Italien in ein Lager für »Displaced Persons« zu gehen und dort Medizin zu studieren und danach nach Israel zu gehen. Die andere Möglichkeit war, in die Amerikanische Zone nach Deutschland zu gehen, ein

Lager für Displaced Persons in der Nähe einer Universitätsstadt zu finden und dort zu studieren. Wir befürchteten, daß wir nicht schnell genug Italienisch lernen würden, um Medizin zu studieren, und so entschieden wir uns für Deutschland, weil wir weniger Schwierigkeiten mit der Sprache sahen. Es stellte sich als die bessere Wahl heraus. Wir wußten damals schon, daß dort viele andere jüdische Studenten an den Universitäten waren und emotional gingen wir nicht nach Deutschland, sondern in die Amerikanische Zone. Wir blieben unter uns. Aber wir sollten schnell Nazis aus nächster Nähe kennenlernen; Mitläufer; Sozialisten; sehr vereinzelte aktive Anti-Nazis – die alle unseren Horizont erweiterten. Weißt Du, wir hatten nie die Gelegenheit gehabt, außerhalb Ungarns zu reisen; nicht einmal viel innerhalb Ungarns vor der Besatzung. Und nach der Besatzung war das Leben zu Ende. In den Westen geflohen zu sein, dem kommunistischen Ungarn entkommen zu sein, die Möglichkeit zu haben, in Westdeutschland zu reisen, gab uns etwas, was wir nie hatten. Trotz allem anderen waren wir in der Lage, uns daran zu freuen.

Jeder von uns war so zukunftsorientiert, daß der Ort, an dem wir studierten, am Ende weniger zählte als die Möglichkeit, die Ausbildung zu bekommen, die wir wollten. Es war nicht leicht, aber es war unter den gegebenen Bedingungen die beste Wahl. Außerdem waren die deutschen Universitäten besser als die italienischen. Heidelberg war ein wunderbarer Ort, um dort zu studieren. Wir waren etwa 30 jüdische Studenten und Studentinnen; wir hatten unsere eigene Studentenorganisation, und viele von uns wurden nach den vier oder fünf gemeinsam verbrachten Jahren lebenslang Freunde. Ich kann nicht sagen, daß wir *unsere Wut und unsere Trauer gemeistert* hätten. Wir vertagten sie. In der Rückschau erkannten wir, daß wir in gewisser Hinsicht taub waren, mehr, als wir damals wußten. Wir konzentrierten uns auf das Studium (und konnten dies glücklicherweise alle tun) und freuten uns sehr an unseren akademischen Fortschritten. Wir kehrten schnell zum normalen Leben zurück. Die Tatsache, daß Anna und ich uns wiedergefunden hatten, brachte uns zusammen zurück in das Leben – es war ein Geschenk, das wir nicht vorhersehen konnten, obschon ich selber es getan hatte. Die Schuld des Überlebenden

ist in vieler Hinsicht eine Erfindung der Vorstellungskraft von Psychoanalytikern, die in Amerika lebten, nachdem sie rechtzeitig aus Europa geflohen waren. Wir litten darunter nicht. Wir waren froh, am
Leben zu sein, ohne beeinträchtigende Schuldgefühle.

Frage: Ich sehe ein Thema, das deine Schilderungen davon durch-
zieht, wie Du und Anna vor dem Hintergrund Eurer zionistischen
Einstellungen beide nach Palästina, später Israel, auswandern woll-
tet. Dein Vater ist ja auch wirklich nach dem Krieg dorthin gezogen.
Wenn es damals die Möglichkeit gegeben hätte, 1946 in Palästina
Medizin zu studieren, meinst Du, daß Du und Anna Euch dort nieder-
gelassen hättet?

Antwort: Ja. Ganz sicher. Schon wenige Tage nachdem ich im Januar
1945 in Budapest von den Russen befreit worden war, versuchte ich,
nach Palästina zu gelangen – erfolglos. Ich brachte in Erfahrung, daß
es an der Hebrew University in Jerusalem an der medizinischen Fakultät keine vorklinische Ausbildung gab, und nahm daher das Medizinstudium in Rumänien auf, an der ungarischen Universität in Cluj.

Wir kamen in die Vereinigten Staaten, um hier unsere psychiatrische und psychoanalytische Ausbildung zu machen. Danach planten
wir, zu meinem Vater zu gehen, der bereits in Palästina lebte. Aber
die psychiatrische und psychoanalytische Ausbildung nahm viel Zeit
in Anspruch; unser erstes Kind wurde bald geboren; wir hatten sichere Anstellungen an der Universität von Cincinnati; unser akademi-
sches Fortkommen war gesichert – und wir wurden verwöhnt und
wurzelten fest in Cincinnati. Eine weiterer größerer Umzug schien
einfach unmöglich – was einen stillen aber tiefen Konflikt bedeutete. Wir hatten das Gefühl, es war ein Betrug an der zionistischen
Sache – ein Betrug an unseren Lebensidealen. Heute würden wir
sagen, ein Betrug an einem wichtigen Aspekt unseres »nuclear self«
– unserem Kernselbst. Als Kohut das erste Mal vom »nuclear
progam« – dem »in das Kernselbst eingebetteten Kernprogramm« –
sprach, ergab das für uns vor dem Hintergrund unserer eigenen
Erfahrungen sofort einen Sinn. Der Zionismus war sicher einer der
Bausteine meines Kernselbst, und nicht nach Israel gegangen zu

sein ist etwas, was wir uns nie ganz verzeihen konnten. Aber ist man je in der Lage, all seine Kernpotentiale umzusetzen? Es gibt immer »kompensatorische Strukturen« – wir sollten uns also nicht beschweren.

Frage: Erinnerst Du Dich an die Ankunft in Amerika?

Antwort: Sicher. Das war ein unvergeßlicher Moment, und lange danach schien es jeden Tag aufs neue wie ein Wunder. Wir mußten uns bei jeder Gelegenheit kneifen, um zu wissen, daß wir nicht träumten. Geschah uns dies alles wirklich? Waren wir im Paradies angekommen?

Wir wußten, daß uns Annas Tante und Onkel und eine Tante und ein Onkel meinerseits am Pier erwarteten. Wir kamen mit einem Militärfrachtschiff (der SS General Ballou) am frühen Morgen des 28. Juni 1951 an und mußten bis zum nächsten Morgen auf dem Schiff bleiben. Offiziell reisten wir deswegen am 29. Juni in die Vereinigten Staaten ein. Wir lagen nur ein halbe Meile vor der Freiheitsstatue vor Anker und brachen in Tränen aus, als wir sahen, wie sie erleuchtet wurde. Wir fühlten eine unglaubliche Dankbarkeit, hierher gebracht worden zu sein, in ein Land der unvergleichlichen Freiheit und Möglichkeiten. Dieses Gefühl war noch nicht getrübt von dem späteren Wissen, daß unser verehrter FDR (F. D. Roosevelt), den wir europäischen Juden als unseren Retter betrachteten, uns hintergangen hatte. Er hat die ungarischen Juden im Frühsommer 1944 wohl bewußt geopfert, als er den letzten großen Vernichtungszug der Deutschen hätte stoppen können – für den geheimen Pakt mit Großbritannien, das nicht wollte, »daß in Palästina zu viele Überlebende an die Tür klopften«.

Frage: Paul, wenn ich einmal zusammenfassen darf, was wir bisher angesprochen haben, dann waren die berufliche Entwicklung und die Lebensentscheidungen wie die Psychoanalyse und die Heirat mit Anna von hohen inneren Werten bestimmt; wohingegen andere Entscheidungen durch die äußeren Umstände bestimmt waren, wie zum Beispiel das Medizinstudium, das Land und die Fakultät, an der

Ihr studiert habt, in welches Land Ihr später ausgewandert seid und sogar die Tatsache, daß Ihr in Cincinnati Fuß gefaßt habt (dort, wo Euer medizinischer Abschluß anerkannt wurde und Ihr eine Berufslizenz bekommen konntet). Nachdem Ihr erst einmal in Cincinnati angekommen wart, folgten viele weitreichende Ereignisse in einem Zusammenspiel von Umständen und Deinem Kernselbst. Laß uns das ein wenig beleuchten. Wie fing es damals an, mit Maurice Levine?

Antwort: Du hast es ganz richtig ausgedrückt: als staatenlose Flüchtlinge bestimmten »Umstände« viele unserer Entscheidungen wie zum Beispiel den Umzug von Massachusetts (wo wir sehr gerne in Boston lebten und zur Ausbildung am Massachusetts General Hospital angenommen worden waren, aber wo wir keine Lizenz bekommen konnten) nach Ohio, wo dies möglich war. Und Maurice Levines Einladung nach Cincinnati führte zu den »weitreichenden Ereignissen«, die Du ansprichst, vor allem unsere Zusammenarbeit mit Michael Balint, der Ausbildung am Chicago Institute for Psychoanalysis und der Zusammenarbeit mit Heinz Kohut.

Maurice Levine hatte an der medizinischen Fakultät der Universität Cincinnati eine anregende psychiatrische Abteilung mit einer großen Zahl von Psychoanalytikern im Lehrkörper geschaffen, und am 1. Juli 1955 begannen wir dort unsere psychiatrische Ausbildung. Levine lud immer wieder Gastdozenten ein, Philosophen, Anthropologen, Soziologen und Psychoanalytiker – manche kamen regelmäßig (Margaret Mead, Michael und Enid Balint, Heinz Lehmann – ein Psychopharmakologe – und andere mehr). Wir nutzten die Gelegenheit, als Assistenzärzte und später als junge Fakultätsmitglieder von diesen Leuten zu lernen.

Michael Balints erster sechswöchiger Aufenthalt während des zweiten Jahres unserer Ausbildung setzte in uns beiden eine »Revolution« in Gang. Wir begriffen plötzlich, wie psychoanalytische Psychotherapie sein konnte, noch bevor wir selber eine psychoanalytische Ausbildung aufnehmen konnten. Balint fokussierte aus der Perspektive seiner Objektbeziehungstheorie auf die Arzt-Patienten-Beziehung als leitenden Faktor der Behandlung. Sein Einfluß versetzte uns auf ein anderes Gleis: die »prozess-orientierte« psychoanalytische Psychotherapie, die Anna und ich seither weiter erarbeitet haben. Michael und Enid Balint kamen zuerst jährlich, dann alle zwei Jahre und später sporadischer nach Cincinnati. Seine Form der Objektbeziehungstheorie – er benutzte diesen Begriff nie, sondern nannte seinen Zugang immer einfach nur Psychoanalyse – hatte einen starken Einfluß auf uns – schlicht und einfach. Balint brachte die »Fokale Psychotherapie« nach Cincinnati. Nachdem wir in mehreren klinischen und theoretischen Unterredungen feststellten, daß wir in vielen Aspekten dieses Zugangs übereinstimmten, lud er mich ein, mit ihm zusammen das Buch *Focal Psychotherapy*[3] zu schreiben. Ich verbrachte im Sommer 1972 unvergeßliche 6 Wochen in Norditalien und der Schweiz mit Balints bei der Arbeit an diesem Buch. Aber den größten Einfluß auf mich hatten vielleicht *The Basic Fault*[4] und unsere vielen Diskussionen darüber. *The Basic Fault* bereitete mich auf *The Analysis of the Self*[5] vor, das meiner klinischen Arbeit und meinen theoretischen Überlegungen eine ganz neue Richtung gab.

Die zentralen Ideen in *The Basic Fault* sollten hier wegen ihrer Kongruenz mit Kohuts Selbstpsychologie Erwähnung finden. Balint ersetzte die Theorie des *primären Narzißmus*, die annimmt, daß zu Beginn des extrauterinen Lebens kein Objekt existiert, durch die Theorie der *primären Liebe*, die annimmt, daß eine primäre Form der Objektbezogenheit besteht. Er sagte, daß ein gemeinsames Charakteristikum all dieser primitiven Formen von Objektbezogenheit darin liegt, daß ein Objekt als gegeben angenommen wird – und ein Partner Wünsche oder Forderungen an den anderen Partner hat. Diese primäre Bezogenheit ist der Eckstein von Balints Theoriegebäude – was viele Implikationen für das Verständnis von Sadismus, Haß und den Ausdrucksformen des Narzißmus als sekundäre Phänomene hat. Das Konzept der Grundstörung bezieht sich auf eine während der prägenden Jahre bestehende Diskrepanz zwischen den grundlegenden Bedürfnissen des Kindes und der Antwort der Erziehungsberechtigten. Diese Diskrepanz schafft einen Mangelzustand. Wie Kohut benutzt Balint die Wort- und Bildersprache des Patienten, um diese Grundstörung zu beschreiben. Der Patient sagt, daß etwas in ihm grundlegend falsch ist, das gerade gerückt werden muß, und es fühlt sich wie ein Fehler an, nicht wie ein Komplex oder ein Konflikt oder eine Situation. Die Ursache liegt darin, daß jemand dem Patienten nicht gerecht wurde und daß der Patient daher die verzweifelte Forderung an den Analytiker richtet, daß er es diesmal nicht so mache. Die Behandlungssituation muß eine Regression zu der Ebene der Grundstörung erlauben; der Analytiker muß dann »beim Patienten sein«, um die Möglichkeit eines »Neuanfangs« zu sichern.

Frage: Erzähle mir von Deinem ersten Kontakt mit Kohut – war es in der Supervision oder in seinem Theorieseminar am Institut?

Antwort: Ich traf Kohut zum ersten Mal in seinem Theoriekurs. Es war eine zweijährige Vorlesungsreihe in der Hauptsache über Freud – mit einigen Modifizierungen von Hartmann und ihm selbst. Es war eine blendende Vorstellung. Ohne Notizen hielt er einen ein- bis zweistündigen Vortrag der so gut strukturiert war, daß man ihn direkt schriftlich hätte veröffentlichen können. Er deutete nicht – auch nicht im entferntesten – darauf hin, daß er neue, geschweige denn revolutionäre eigene Ideen hatte. Ich bewunderte und beneidete ihn für diese brillante Ausarbeitung und sein tiefes Wissen über Freud. Aber das war es nicht, was mich motivierte, ihn nach dem Abschluß meiner Ausbildung zur privaten Supervision aufzusuchen. Ich werde Dir gleich etwas über die Gründe dazu sagen, laß mich aber erst einen kurzen Rückblick auf Kohuts Pädagogik in seinen Vorlesungen werfen. Im Rückblick gesehen war sie schrecklich. Er sprach ohne Unterbrechung und erlaubte keine Diskussion und keine Fragen. Er erwartete, daß einer von uns mitschrieb. Der Mitschreiber mußte die Notizen zu Beginn der nächsten Sitzung vorlesen – und dann konnten wir Fragen stellen. Kohut wandte sich dann umgehend der Vorlesung für den jeweiligen Tag zu – es sei denn, er fand die Zusammenfassung der letzten Vorlesung unvollständig oder in irgendwelchen Aspekten unrichtig –, indem er den Inhalt seiner neuen Vorlesung um diese Fragen herum aufbaute. Sein Vortrag war zweifelsohne elegant und beeindruckend, aber es war kein wirkliches Geben und Nehmen, und das störte mich beim Lernen.

Was mich motivierte, Kohut um Supervision zu bitten, hatte mit den einzelnen Gelegenheiten zu tun, als er Max Geitelson im Seminar über die Beendigung von Analysen vertrat. Er schien mir in der Lage zu sein, nahtlos vom klinischen Material zur Theorie hinüberzuwechseln und umgekehrt. Er zwang die Theorie nicht den klinischen Daten auf. Ich habe nie (und nie wieder!) solch meisterhafte klinisch-theoretische Formulierungen erlebt wie bei diesen Gelegenheiten. Balint war mein Modell als Kliniker, aber Kohut hat ihn in meinen Augen übertroffen. Du kannst das Idealisierung nennen, wenn Du willst – einige meiner Freunde tun das mit einem milden Sarkasmus. (Ich bin da ganz anderer Ansicht.)

Ich wollte von Kohut in der Supervision lernen, wie ich meine klinischen Erfahrungen besser induktiv auf eine theoretische Ebene bringen konnte. Das war mein größtes Bestreben, als ich Analytiker wurde, und ich war bereit, dafür eine fünfte Supervision auf mich zu nehmen. Wie sich herausstellte, bekam ich weit mehr in diesen vier Jahren bei ihm. Bei der Supervision war seine Pädagogik eine ganz andere. Er hörte intensiv zu, sprach selten, bevor ich meine Vorstellung beendet hatte – es sei denn, es fiel ihm etwas auf, das unsere Aufmerksamkeit unmittelbar erforderte. Er fragte dann nach meiner Einschätzung der jeweiligen Analysestunde oder eines Teiles davon; oder er diskutierte mit mir die möglichen Bedeutungen eines Traumes – und bei all diesen Gelegenheiten behielt er das Augenmerk immer darauf, wie der Patient auf mich wirkte und welche Wirkung ich auf den Patienten hatte. Er war der Inbegriff eines Intersubjektivisten im dem allgemeineren Sinne, daß er sich des Einflusses des Analytikers auf den Patienten und umgekehrt bewußt war – ohne diesen Begriff je zu benutzen. Ich nehme an, daß er es nicht tat, weil er es so sah, daß der Patient den Analytiker (im Falle der Spiegelübertragung) in sein eigenes Selbsterleben integrierte oder sich selbst (im Falle der Idealisierungsübertragung) als Teil des Selbst des Analytikers erlebte.

Frage: Ein fünfter Supervisions-Fall! Das wußte ich gar nicht. Und Du mußtest aus Cincinnati dafür nach Chicago reisen, mit all den Kosten, die damit verbunden waren. Was bei mir die Frage aufwirft,

ob Du irgendwie in Kohut etwas gespürt hast, was mit dem Kernselbst verbunden war, von dem Du vorhin sprachst? Waren es vielleicht ähnliche internalisierte Werte, die Dich motivierten, womöglich ähnlich denen, die Dich veranlaßt hatten, mit 15 von zuhause fort
und an das Rabbinerseminar in Budapest zu gehen?

Antwort: Ja, es war zeitraubend, ermüdend, teuer, aber sicher all das
wert. Ich hätte es für die Supervisionserfahrung allein getan. Aber ich
wurde gleich nach meinem Abschluß vom Institut gebeten, zusammen mit meinem ehemaligen Lehrer Henry Seidenberg jeweils am
Freitagvormittag die Vorlesung über Behandlungstechniken zu über-
nehmen, und ich leitete die Diskussionsgruppe zur weiterführenden
Literatur über Behandlungstechnik. So war es also insgesamt eine
bereichernde Erfahrung, aber die Supervision mit Kohut war die am
meisten transformierende. Fühlte ich in Kohut etwas, das mit
meinem Kernselbst in Verbindung stand? Sehr wahrscheinlich ja.
Obwohl ich es damals so nicht hätte ausdrücken können. Du hast
recht, wenn Du eine Verbindung siehst zwischen den Fahrten zur
Supervision und dem, was mich motivierte, mein Zuhause zu verlassen und am Rabbinerseminar zu studieren. Ich wollte nicht nur
Analytiker sein, sondern ein guter, vor allem klinisch gut – ich sagte
schon, daß ich Balint in seinem klinischen Zugang nacheiferte. Ich
spürte schnell, daß Kohut mich einige Stufen weiter bringen würde,
über das hinaus, was ich von Balint gelernt hatte. Ich bewunderte
Balints Brillianz und sein klinisches Gespür, aber ich war von Kohuts
genialer Fähigkeit eingenommen, ein neues Paradigma zu
entwickeln. Ich spürte das schon früh und begann, alle jene Veröffentlichungen zu studieren, die er vor *The Analysis of the Self* geschrieben hatte, um herauszufinden, wie er dort hin gelangt war. Es war
diese Reise und sein erstes Buch, die mir in der Psychoanalyse meine
weitere Ausrichtung gaben.

  Du sprichst etwas an in Deiner Frage nach den verinnerlichten
Werten. Dabei wird mir jetzt klar, daß meine Teilnahme an den
Kongressen der Amerikanischen Psychoanalytischen Vereinigung, zu
denen ich schon als Assistenzarzt fuhr und immer noch fahre, mit
diesen internalisierten Werten zu tun hatte: ich konnte die Psycho-

analyse nicht halbherzig betreiben, ich stürzte mich voll hinein. Ich wollte diejenigen, die zu diesem Gebiet beitrugen, selber hören. Das half mir, zu entscheiden, ob ihre Veröffentlichungen für mich wichtig waren oder nicht. Dasselbe geschah, als die Supervision bei Kohut mir ein neues psychoanalytisches Feld eröffnete – es erleuchtete all meine vorherige analytische Erfahrung. Das machte die Selbstpsychologie für mich so überzeugend. (Und das war auch der Grund, warum ich vorschlug, daß Anna dasselbe tat, so daß wir gemeinsam versuchen konnten, zu verstehen, was Kohut uns zeigen wollte und was ganz im Gegensatz zu dem stand, was wir am Institut und aus der Literatur gelernt hatten.)

Frage: Du erwähntest, daß Du Anna ermutigtest, auch zu Kohut zur Supervision zu gehen. Ich würde gerne auf eine frühere Frage zur Zusammenarbeit zwischen Anna und Dir zurückkommen, da dies so vieles kennzeichnet, was in den letzten 20 Jahren geschehen ist. Kannst Du etwas darüber sagen, welche Interessengebiete Ihr beide hattet, und über Eure Arbeiten nach der Zusammenarbeit mit Kohut?

Antwort: Ich wollte, daß Anna dieselbe außergewöhnliche Erfahrung machte wie ich, und zusammen konnten wir schneller das verarbeiten, was wir lernten. Aber es gab einen weiteren Grund. Wir lebten zu der Zeit, als wir zuerst von Balints und später Kohuts Ideen tief beeinflußt wurden, in Cincinnati in einer »psychoanalytischen Wüste«. Wir regten uns gegenseitig an, und die gegenseitige emotionale und intellektuelle Unterstützung half uns dabei, uns gegen das vorwiegend reaktionäre psychoanalytische Klima um uns herum abzugrenzen. Sehr wenige unserer Kollegen teilten unser tiefes Interesse an diesen neuen Entwicklungen. Obwohl wir in Cincinnati wohnten, »lebten« wir intellektuell vor allem unter unseren Freunden in Chicago und an vielen anderen Orten – was die Psychoanalyse betraf. Wir nahmen unsere jeweils eigenen Interessen auf: Anna entwickelte die *Kinderzentrierte Familientherapie*, schrieb ihre Veröffentlichungen zu den Themen *Überleben und Heilung* (*Survival and Recovery*), über *Trauma* im allgemeinen; ich war vorübergehend, vor unserer Zusammenarbeit, an *Traumforschung, Hypnose, Psychopharmakologie* sowie dem *Lernprozeß während der psychiatrischen Ausbildung* interessiert. Unsere Zusammenarbeit begann 1972 mit der Arbeit über die Fokaltherapie. Nachdem ich eine Behandlung von sechs Sitzungen und einer Nachuntersuchung aufgenommen hatte und die Aufnahmen transkribiert worden waren, studierte Anna die Abschrift, um herauszufinden, was zu der erstaunlichen klinischen Besserung geführt hatte. Diese Zusammenarbeit funktionierte sehr gut und führte uns zu einem der zentralen Themen, mit denen wir uns noch heute in der individuellen und gemeinsamen Arbeit befassen: dem psychotherapeutischen Prozeß, über den wir eine Reihe einzeln und gemeinsam verfaßter Artikel geschrieben haben. Während unsere psychoanalytische Erfahrung heranreifte, erweiterten wir diese Forschung auf den psychoanalytischen Prozeß. Wir haben über viele Aspekte des Deutungsprozesses, sowohl in der Psychoanalyse als auch im ganzen Spektrum der psychoanalytischen Psychotherapien geschrieben. Im Gegensatz zur herrschenden Meinung (und im Gegensatz zu Balints und Kohuts Vorstellungen) sehen wir die Psychoanalyse, die psychoanalytische Psychotherapie und die Fokaltherapie auf einem Kontinuum und weniger scharf von einander getrennt. Wir haben ausführlich über die Vorteile dieser Betrachtungsweise geschrieben, die die Grundlage unserer anhaltenden Forschungen über den Prozeß in jeder dieser Behandlungsmodalitäten darstellt. Der Prozeß (der zwar von der Sitzungsfrequenz und der Behandlungsform abhängig ist) ist im Grunde über das gesamte Spektrum hinweg derselbe. Diese Betrachtungsweise als Kontinuum hat so lange Bestand, wie die gleiche Theorie über die Behandlung als solche, die gleiche Vorstellung von der Psychopathologie und den Heilungsvorgängen den Behandler bei dem Bemühen um Verstehen und Erklären – als Formen der therapeutischen Responsivität – leitet. Als wir das Augenmerkmerk auf die Führung und den Ablauf des Behandlungs- (und Heilungs-)prozesses im ganzen Spektrum der Behandlungsformen legten, wurde die Empathie zu einem zentralen Thema. Dies ist der rote Faden – Empathie und der Behandlungsprozeß – den wir aus Kohuts Arbeiten aufgenommen und seither weiter verfolgt haben.

Jim, Du erinnerst Dich vielleicht an meine früher in diesem Interview gemachte Äußerung, daß ich Balints klinischem Zugang und

171

seinem Augenmerk auf die Arzt-Patienten-Beziehung nacheifern und dies später verfeinern wollte nach dem, was ich von Kohut gelernt hatte. Was ich Dir gerade über den Werdegang meiner (und unserer gemeinsamen) Arbeiten beschrieb, ist das Erbe der frühen Hoffnung, die mein Interesse antrieb: ein guter Kliniker zu werden, der wie Balint und Kohut auf die Patienten zuging. Bis heute besteht unser Bemühen darin, den Mikroprozeß der klinischen Begegnung im Vergleich mit dem Makroprozeß (im Lichte der Entwicklung der Selbstpsychologie) genauer zu untersuchen und zu beschreiben. Wir untersuchen auch die Funktion der Theorie im Deutungsprozeß – worüber in unserem Gebiet große Verwirrung herrscht. Unweigerlich führte mich dieses zentrale Thema dazu, einige spezifische Inhalte des Behandlungsprozesses unter der Lupe zu betrachten. Auf diesem Wege schrieben wir (initiiert von Anna und ihrer speziellen Erfahrung auf diesem Gebiet) über *Parenting as a function of the adult self*, (einzeln und gemeinsam) über narzißtische Wut und destruktive Aggression[6], über Omnipotenz in Gesundheit und Krankheit, und über Kohuts Ansicht der *Essence of humanness* – der Essenz des Menschseins –, um nur einige zu nennen.

Meine Vertiefung in die Theorie der Selbstpsychologie begann schon früh während meiner Supervision bei Kohut und führte mich dazu, die zwei Einführungen zu den vier Bänden des gesammelten Werkes *The Search for the Self* zu schreiben. Daß ich die signifikanten Unterschiede zwischen der Selbstpsychologie und den anderen psychoanalytischen Herangehensweisen sah und die Selbstpsychologie als ein neues Paradigma betrachtete, führte mich zu einem anderen anhaltenden Interesse: der vergleichenden Wissenschaft der Psychoanalyse. Als ich die Selbstpsychologie hier und im Ausland unterrichtete, stieß ich auf das Dilemma und die Notwendigkeit, eine Möglichkeit zur vergleichenden Psychoanalyse zu finden und damit die Diskussion aus der sonst vorherrschenden Partisanenpolitik herauszulösen. Unsere gemeinsame Erfahrung mit der Lehre hat uns in den USA und einer Reihe anderer Länder mit vielen Psychoanalytikern und Psychotherapeuten von sehr unterschiedlichem Hintergrund und sehr unterschiedlichen theoretischen Überzeugungen zusammengebracht. Darüber hinaus haben wir Mitte der 70er Jahre innerhalb der Psychiatrischen Abteilung der Universität von Cincinnati das »International Center for the Study of Psychoanalytic Self Psychology« aufgebaut. Über die Jahre waren etwa 20 Kliniker an unserem Zentrum. Einige kamen für zwei Jahre, andere für ein Jahr, viele für einige Monate – und einige kommen jedes Jahr für kurze Zeit wieder, um ihre schwierigen klinischen Fragen in fortlaufender Supervision zu diskutieren. In den letzen acht Jahren haben wir außerdem jährlich klinische Marathonkonferenzen in Deutschland (an zwei konsekutiven Wochenenden) in Konstanz abgehalten. Wir haben aktiv an den jedes zweite Jahr stattfindenden internationalen, in Dreieich bei Frankfurt abgehaltenen Selbstpsychologiekongressen teilgenommen – und, last but not least, an all unseren eigenen Jahreskongressen in den Vereinigten Staaten. All diese Erfahrungen haben uns beiden immer intellektuelle und emotionale Nahrung gegeben.

Jim: Paul, die Reichweite und Konsequenz Deiner Arbeit während der vergangenen 30 Jahre trägt den Stempel Deiner Vitalität und Liebe zum Leben, Deiner Bildung und Deiner Bereitschaft, Dein Wissen mit anderen zu teilen. Wir haben vermutlich nur die Oberfläche dessen angekratzt, was die Leser sicher ebenso wie ich als eine bemerkenswerte und zutiefst inspirierende Lebensgeschichte und Lebensarbeit ansehen. Für mich persönlich war es ein wirkliches Privileg, an Deinen Erinnerungen und Ansichten teilhaben zu können. Herzlichen Dank.

Übersetzung: Martin Goßmann

Anmerkungen

1 deutsch: Versuch einer Genitaltheorie. Leipzig und Wien (Internationaler Psychoanalytischer Verlag), 1924.
2 deutsch: Probleme der Religionspsychologie. I. Teil: Das Ritual. Leipzig und Wien (Internationaler Psychoanalytischer Verlag), 1919.
3 deutsch: Fokaltherapie. Frankfurt am Main (Suhrkamp), 1973.
4 Therapeutische Aspekte der Regression. Die Theorie der Grund-

störung. Hamburg (Rowohlt), 1973.

[5] Narzißmus. Eine Theorie der psychoanalytischen Behandlung narzißtischer Persönlichkeitsstörungen. Frankfurt am Main (Suhrkamp), 1973.

[6] deutsch in: Anna und Paul Ornstein: Empathie und therapeutischer Dialog. Hrsg. v. H.-P. Hartmann. Gießen (Psychosozial), 2001.

2005 · 232 Seiten · Broschur
EUR (D) 19,90 · SFr 34,90
ISBN 3-89806-394-1

2004 · 231 Seiten · gebunden
EUR (D) 29,90 · SFr 52,20
ISBN 3-89806-349-6

Was ist Liebe? Was hat eine Affäre mit der eigenen Beziehung zu tun? Lohnt es sich zu kämpfen? Kann eine Therapie helfen? War die Beziehung nicht von Anfang an zum Scheitern verurteilt? Ist die Ehe gar der Friedhof jeder Liebe?

Wolfgang Hantel-Quitmann widmet sich diesen Fragen und kreiert daraus eine »Psychologie der Liebesaffären«, entwickelt an Beispielen aus der paartherapeutischen Praxis, großen Werken der Weltliteratur und den Liebesaffären berühmter Paare.

Für alle, die sich aus psychologischem, literarischem oder rein menschlichem Interesse mit dem Thema beschäftigen – bevor die nächste Liebesaffäre als Ende aller Liebe, moralisch verwerflich oder schicksalhaft missgedeutet werden könnte. Eine vergnügliche und erhellende Lektüre.

Warum fasziniert uns die romantische Liebe? Warum macht sie uns aber zugleich Angst? Mitchell befasst sich – gut lesbar und mit zahlreichen Beispielen aus seiner 30-jährigen klinischen Erfahrung – in seiner wegweisenden Studie mit dem Schicksal der romantischen Liebe im Verlauf der Zeit.

Laut gängiger Meinung ist die Liebe zerbrechlich und vergänglich. Mitchell hingegen behauptet, dass in langfristigen Beziehungen die Romantik nicht abnimmt, sondern zunehmend gefährlicher wird. Nicht Gewohnheit tötet die Liebe, sondern unsere Angst vor Abhängigkeit. Mitchell veranschaulicht das ganze Spektrum romantischer Erfahrungen und zeigt, dass die Liebe Bestand haben kann, wenn wir uns unserer eigenen selbstdestruktiven Tendenzen und tiefen Angst vor der Liebe bewusst werden.

P🏛V
Psychosozial-Verlag

Goethestr. 29 · 35390 Gießen · Tel. 06 41/ 97 16903 · Fax 77742
bestellung@psychosozial-verlag.de
www.psychosozial-verlag.de

2005 · 314 Seiten · Broschur
EUR (D) 29,90 · SFr 52,20
ISBN 3-89806-406-9

2005 · 464 Seiten · Broschur
EUR (D) 39,90 · SFr 69,–
ISBN 3-89806-456-5

Wie wird eine Kultur durch (kollektive) Traumatisierungen beeinflusst, und wie reagiert sie auf (individuelle) Traumatisierungen und Traumatisierte? Die Psychotraumatologie mit ihren erprobten Konstrukten und Ansätzen zu Krankheitsbildern und Therapieverfahren stellt jenseits ihrer klinischen Anwendbarkeit eine historisch und kulturtheoretisch relevante Perspektive dar.

Die Autoren erweitern die historische Traumaforschung um klinische und kulturelle Deutungsmuster für Traumafolgestörungen. Dabei werden u.a. die Folgen von Gewalterfahrungen für kulturelle Phänomene – wie Werteorientierungen – aber auch für soziale Einrichtungen – wie Bildungs- und Gesundheitsversorgungs–systeme oder politische Strukturen – beleuchtet.

Ein Klassiker der Traumaforschung endlich wieder verfügbar! Hans Keilson analysiert die massiv-kumulative Traumatisierung bei Kindern am Beispiel der jüdischen Kriegswaisen in den Niederlanden in je einem deskriptiv-klinischen und einem quantifizierend-statistischen Untersuchungsgang. Zugleich überprüft er damit die Hypothesen der altersspezifischen Traumatisierung sowie einen Teil der psychoanalytischen Theorie der Traumatisierungsintensität.

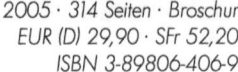
Psychosozial-Verlag

Goethestr. 29 · 35390 Gießen · Tel. 06 41/ 9716903 · Fax 77742
bestellung@psychosozial-verlag.de
www.psychosozial-verlag.de

MICHAEL B. BUCHHOLZ
GÜNTER GÖDDE (Hg.)

DAS UNBEWUSSTE IN
AKTUELLEN DISKURSEN

Anschlüsse
Band II

BIBLIOTHEK
DER PSYCHOANALYSE

PSYCHOSOZIAL-
VERLAG

Hans-Jürgen Heinrichs

EXPEDITIONEN
INS INNERE AUSLAND

Freud. Morgenthaler. Lévi-Strauss.
Kerényi. – Das Unbewußte
im modernen Denken

IMAGO
Psychosozial-Verlag

2005 · 813 Seiten · gebunden
EUR (D) 46,– · SFr 79,50
ISBN 3-89806-448-4

2005 · 224 Seiten · Broschur
EUR (D) 19,90 · SFr 34,90
ISBN 3-89806-435-2

Im zweiten Band der umfassenden Enzyklo-
pädie des Unbewussten führen renommierte
Politik-, Sozial- und Kulturwissenschaftler
interdisziplinär in die weitverzweigte The-
matik ein. Es werden die veränderten ent-
wicklungspsychologischen Konzepte aus
Pränatal-, Säuglings-, Bindungs-, Adoles-
zenz- und Altersforschung genauso berück-
sichtigt wie die »neuen Anschlüsse« in den
Kognitionstheorien zu Sprache/Spracher-
werb, Gedächtnis- und Affektforschung sowie
Interaktions- und Erzählforschung. Die Neu-
rowissenschaften und die Umstellung auf
quantentheoretische Grundlagen lassen im
Dialog mit der Psychoanalyse ebenfalls
höchst interessante Impulse erwarten.

Band I: »Macht und Dynamik des Unbewussten« (2005)

Band III: »Das Unbewusste in der Praxis«
(erscheint 2006)

Vom großen Freud-Kapitel – in dem die
Begründung und Entwicklung der Lehre vom
Unbewussten präzise und konzentriert dargestellt wird – schlägt der bekannte Kulturtheo-
retiker Hans-Jürgen Heinrichs den Bogen zur
Theorie und Praxis der psychoanalytischen
Technik, der Traumdeutung und Perversion im
Werk Fritz Morgenthalers. Heinrichs nähert
sich dem Begriff des Unbewussten auch anhand der Werke von Claude Lévi-Strauss und
Karl Kerényi aus der ethnologisch-struktura-
listischen und mythologischen Sichtweise und
versteht es so auf einzigartige Weise, wichtige
Weltbilder des 20. Jahrhunderts als zeitgenössische Entwürfe lebendig zu machen.

P🔲V
Psychosozial-Verlag

Goethestr. 29 · 35390 Gießen · Tel. 06 41/ 9716903 · Fax 77742
bestellung@psychosozial-verlag.de
www.psychosozial-verlag.de

2005 · 245 Seiten · gebunden
EUR (D) 22,90 · SFr 39,90
ISBN 3-89806-451-4

2005 · 367 Seiten · gebunden
EUR (D) 36,– · SFr 62,–
ISBN 3-89806-255-4

»Fünf Geschichten in der besten Tradition von Sigmund Freud, der die Krankengeschichte zur literarischen Form der Novelle entwickelte. ... Akeret erzählt die Geschichten seiner Patienten mit ansteckender Leidenschaft für seine therapeutische Aufgabe .... Es gelingt ihm, die Erzählung ihrer Lebensgeschichte, ... seine heutigen Eindrücke von diesen Menschen und seine eigenen Gefühle auf der Reise zu in sich geschlossenen Geschichten zu verknüpfen. ... Aus den Qualen seiner Patienten und seinen inneren Skrupeln, ob er denn gute Arbeit geleistet hat, ist sein Buch entstanden. ... Man liest [es] auch deswegen gern, weil Akeret ... sich nicht an starre Regeln seiner psychoanalytischen Zunft hält.«

Ulfried Geuter, Deutschlandradio Kultur

Als prominenter Vertreter der Interpersonalen Psychoanalyse beschäftigt sich Stephen Mitchell eingehend mit den verschiedenen Aspekten therapeutischen Handelns in der Psychoanalyse, wie Anonymität und Neutralität und dem Wesen analytischen Wissens und Autorität. Er erläutert eine Vielzahl unterschiedlicher Arten, über die interaktive Natur der psychoanalytischen Situation nachzudenken, und regt zur weiteren Reflexion an.

»Mir scheint, dass Mitchells herausragende Beiträge zur Psychoanalyse in diesem ungemein wichtigen Buch ihren Gipfelpunkt erreicht haben. ... [Es] ist ein wundervoll inhaltsreiches und auch recht mutiges Buch, das uns zeigt, wo wir heute in der Psychoanalyse stehen und in welche Richtung wir weitergehen müssen.«

Owen Renik, M. D., San Francisco Psychoanalytic Institute

P🕮V
Psychosozial-Verlag

Goethestr. 29 · 35390 Gießen · Tel. 0641/9716903 · Fax 77742
bestellung@psychosozial-verlag.de
www.psychosozial-verlag.de